Marcus Damm

Handwörterbuch Schemapädagogik 1

Kommunikation, Charakterkunde, Prävention von Beziehungsstörungen

Mit Online-Materialien

SCHEMAPÄDAGOGIK KOMPAKT

herausgegeben von Dr. Marcus Damm

ISSN 2191-186X

1   *Marcus Damm*
      Praxis der Schemapädagogik
      Schemaorientierte Psychotherapien und ihre Potenziale für die psychosoziale Arbeit
      ISBN 978-3-8382-0040-8

2   *Marcus Damm*
      Schemapädagogik im Klassenzimmer
      Ein neues Konzept zur Förderung verhaltensauffälliger Schüler
      ISBN 978-3-8382-0140-5

3   *Marcus Damm*
      Schemapädagogik im Klassenzimmer – Das Praxisbuch –
      Arbeitsmaterialien und Methoden für Lehrer und Schüler
      ISBN 978-3-8382-0220-4

4   *Marcus Damm und Stefan Werner*
      Schemapädagogik bei jugendlichen Gewalttätern
      Diagnose von Schemata, Konfrontation und Verhaltensänderung
      ISBN 978-3-8382-0190-0

5   *Marcus Damm*
      Handwörterbuch Schemapädagogik 1
      Kommunikation, Charakterkunde, Prävention von Beziehungsstörungen
      ISBN 978-3-8382-0230-3

6   *Marcus Damm*
      Handwörterbuch Schemapädagogik 2
      Manipulationstechniken, Selbstklärung, Intervention
      ISBN 978-3-8382-0240-2

In Vorbereitung:

7   *Marcus Damm und Marc-Guido Ebert*
      Schemapädagogik und Lehrerpersönlichkeit
      Konstruktive Beziehungsgestaltung im Unterricht
      ISBN 978-3-8382-0200-6

Marcus Damm

HANDWÖRTERBUCH SCHEMAPÄDAGOGIK 1

Kommunikation, Charakterkunde, Prävention von Beziehungsstörungen

Mit Online-Materialien

ibidem-Verlag
Stuttgart

Bibliografische Information der Deutschen Nationalbibliothek
Die Deutsche Nationalbibliothek verzeichnet diese Publikation in der
Deutschen Nationalbibliografie; detaillierte bibliografische Daten sind im
Internet über http://dnb.d-nb.de abrufbar.

Bibliographic information published by the Deutsche Nationalbibliothek
Die Deutsche Nationalbibliothek lists this publication in the Deutsche Nationalbibliografie;
detailed bibliographic data are available in the Internet at http://dnb.d-nb.de.

Coverbild: Fondo Abstracto © Pakmor #4540264. www.fotolia.de

∞

Gedruckt auf alterungsbeständigem, säurefreien Papier
Printed on acid-free paper

ISSN: 2191-186X

ISBN-13: 978-3-8382-0230-3

© *ibidem*-Verlag
Stuttgart 2011

Alle Rechte vorbehalten

Das Werk einschließlich aller seiner Teile ist urheberrechtlich geschützt. Jede Verwertung
außerhalb der engen Grenzen des Urheberrechtsgesetzes ist ohne Zustimmung des Verlages
unzulässig und strafbar. Dies gilt insbesondere für Vervielfältigungen,
Übersetzungen, Mikroverfilmungen und elektronische Speicherformen sowie die
Einspeicherung und Verarbeitung in elektronischen Systemen.

All rights reserved. No part of this publication may be reproduced, stored in or introduced into a retrieval
system, or transmitted, in any form, or by any means (electronic, mechanical, photocopying, recording or
otherwise) without the prior written permission of the publisher. Any person who does any unauthorized act
in relation to this publication may be liable to criminal prosecution and civil claims for damages.

Printed in Germany

Inhalt

Vorwort 9

A

Angst 15

B

Bedürfnisse 19

C

Charakterkunde, tiefenpsychologische 27
Charakter, analer 29
Charakter, mütterlicher 34
Charakter, phallisch-narzisstischer 37

F

Familienhilfe, sozialpädagogische 39

G

Generalisierte Angststörung ... 45
Gewalt ... 49
Gewalt und Gewaltbereitschaft ... 51

H

Horte ... 59

K

Kindergarten ... 65
Kinder- und Jugendarbeit, offene ... 69
Kinder- und Jugendpsychiatrie ... 73
Klärungsorientierte Psychotherapie (KOP) ... 79
Klärungsorientierte Psychotherapie, Transfer ... 82
Körpersprache ... 83
Kognitive Therapie (KT) ... 86
Kognitive Therapie, Transfer ... 92
Kommunikation, Allgemeines ... 93
Kommunikation, tiefenpsychologisch betrachtet ... 95
Kommunikation – Sach- und Beziehungsebene ... 97
Kommunikation ist vierseitig ... 98
Kommunikation und Konstruktivismus ... 99
Kommunikationsparadoxien, Formen und Beispiele ... 102
Kommunikationsübungen ... 105
Kompetenzen, schemapädagogische ... 106
Krippe ... 117

M

Menschenkenntnis, allgemein ... 123
Mobbing ... 124

N

Neurobiologie 131

P

Psychotherapie 135

S

Schema 137
Schemamodus/Rolle 144
Schemapädagogik, Ablauf 150
Schemapädagogik im Klassenzimmer, allgemein 163
Schematherapie (ST) 171
Schematherapie, Transfer 175
Soziale Phobie 177

Z

Zwangsstörungen 181

Weiterführende Literatur 183
Kontakte 187
Literatur 189

Vorwort

Schemapädagogik liegt an der Schnittstelle zwischen Psychotherapie und Pädagogik und will vorwiegend dazu beitragen, die Lücke zwischen beiden Dimensionen zu schließen. Traditionellerweise grenzen sich beide Bereiche mehr oder weniger voneinander ab, und es ist wahrscheinlich kein Zufall, dass vor allem Vertreterinnen und Vertreter der Psychotherapie darauf sehr großen Wert legen. Aus persönlicher Erfahrung weiß ich zum Beispiel, dass manche Psychotherapeuten, egal ob niedergelassene oder akademisch tägige, ihre Erkenntnisse und Methoden lieber in der „Geheimschatulle Psychologie" vor den Pädagogen verschlossen halten. Denn man will das pädagogische Personal allem Anschein nach „wohlmeinend" nicht überfordern. Dabei, und das wird gewöhnlich übersehen, müssen sich auch Vertreterinnen und Vertreter der *sozialen* Berufe zunehmend mit Klienten auseinandersetzen, die ihrerseits *psychische* Störungen offenbaren (BAUER 2007c). Das heißt: Professionelle mit sozialpädagogischem Hintergrund *müssen* zunächst einmal in ihrem „Setting" über längere Zeit hinweg mit „schwierigen" Betreffenden klarkommen, ob sie wollen oder nicht. Da sind auch schon, lapidar gesagt, erfahrungsgemäß manche „psychotherapeutisch-relevante" Fälle dabei; und so ist man als Pädagoge mit seinen „üblichen" Kompetenzen auf sich alleine gestellt – und des Öfteren überfordert!

Nun, das Potenzial der Psychotherapie ist in den letzten Jahren immens angewachsen. Vor allem die neueren psychotherapeutischen Verfahren sind in Hinsicht auf den Umgang mit „schwierigen Klienten" sehr innovativ, tiefgreifend und gewinnbringend, geradezu revolutionär; besonders diejenigen Konzepte, die der sogenannten „dritten Welle der Verhaltenstherapie" zugeordnet werden (vergleiche YOUNG et al. 2008; ZORN & RODER 2011; SACHSE 2003). Sie beinhalten nämlich *integrative* wissenschaftliche Elemente der Menschenkenntnis, das heißt, sie kombinieren kognitiv-verhaltenstherapeutische *und* psychodynamische Grundlagen und Methoden.

Bis vor wenigen Jahrzehnten wollten sich übrigens Verhaltenstherapeuten und Psychoanalytiker beziehungsweise Tiefenpsychologen ebenfalls streng voneinander abgrenzen. Doch die Zeiten sind nun vorbei, zumal eine Verknüpfung beider Therapieschulen – das ist jetzt endlich unumstritten – der „Weisheit letzter Schluss ist" (GRAWE 2004). Ein echtes Novum ist daher dieser Tage *up to date* – sozusagen. Doch welcher Pädagoge vom Fach kann behaupten, dass er von diesen ausgezeichneten Entwicklungen überhaupt Kenntnis genommen hat? Wer hat überhaupt faktisch „etwas" von diesen Innovationen für seinen Alltag bisher mitnehmen können? Wohl nur Einzelne. Denn diese Themen werden nicht in der pädagogischen Aus- und Fortbildung vermittelt. Dabei ist dieses Wissen doch so wichtig! Der vorliegende Ansatz namens Schemapädagogik ist daher aus derselben *integrativen* wissenschaftlichen Menschenkenntnis „geschmiedet", er verbindet entsprechend Theorien und Methoden aus verschiedenen Bereichen der Pädagogik und der (neueren) Psychotherapie. – Und er beschäftigt sich vorwiegend mit der Diagnostik, dem Verständnis, der tiefenpsychologischen Deutung und der Verbesserung von Verhaltensauffälligkeiten und unterschwelligen Beziehungsstörungen – wohlgemerkt: in *sozialen* Berufen(!).

Im Fokus stehen dabei sowohl Interaktionsstörungen zwischen den Heranwachsenden[1] und der pädagogischen Fachkraft[2] einerseits, als auch Beziehungskonflikte zwischen den Zu-Erziehenden selbst andererseits.

Schemapädagogik ist ein Schwerpunkt des Angebots des Pädagogischen Landesinstituts – im Referat 1.08: Fort- und Weiterbildung in Fachrichtungen der Förderpädagogik sowie im Rahmen der Berufsförderpädagogik; siehe auch: http://sonderpaedagogik.bildung-rp.de/fortbildung-beratung/unser-team.html.

Die Grundlagen der Schemapädagogik sind insbesondere die sogenannten schemazentrierten Psychotherapien – *Kognitive Therapie* (KT), *Klärungsorien-*

---

[1] Der Einfachheit halber wird in diesem Buch meistens die männliche Sprachform verwendet. Dies dient der Erhaltung des Leseflusses und ist natürlich nicht diskriminierend gemeint.
[2] Die Begriffe Sozialpädagogen, Lehrer, Sozialarbeiter, professionelle Fachkräfte, Pädagogen usw. werden im Folgenden synonym gebraucht.

tierte Psychotherapie (KOP), *Schemazentrierte emotiv-behaviorale Therapie* (SET) und *Schematherapie* (ST) –, die innovative Modelle zur „Funktionsweise der menschlichen Psyche" beinhalten. Außerdem fließen wichtige Erkenntnisse der Hirn- und Bindungsforschung, Transaktionsanalyse und Kommunikationspsychologie mit ein in das Konzept. Schemapädagogik bietet dem professionellen Helfer darüber hinaus auch ein breites Spektrum an didaktisch-methodischen Interventionsmöglichkeiten, das dabei hilft, professionell mit Beziehungsstörungen und auch mit Verhaltensauffälligkeiten von Zu-Erziehenden umzugehen. Auch nachteilige innerpsychische Muster auf Pädagogenseite(!) werden fokussiert. Denn in der Regel bringen auch Professionelle charakteristische Schemata (Wahrnehmungsmuster) und deren Auswirkungen in den sozialpädagogischen Alltag mit ein – das muss zwingend berücksichtigt werden. Es gibt daher auch Beobachtungs- und konkretes Selbstreflexionsmaterial in Printform, um eigene „nachteilige innerpsychische Stolpersteine" (sogenannte maladaptive Schemata und Rollen) zu erkennen und zu „stoppen".

Dies dient unter anderem dazu, im pädagogischen Alltag authentischer, effizienter und – bei Bedarf mit „manipulativer Kraft" – zu kommunizieren. In Hinsicht auf den Umgang mit „schwierigen" Kindern und Jugendlichen ist dies in bestimmten Situationen sehr sinnvoll.

Die erwähnten Materialien sind auch deshalb im Umgang mit „schwierigen" Klienten hilfreich, weil sie den meisten Verhaltensauffälligkeiten, Provokationen, Manipulationen usw. einen *Rahmen* geben, das heißt, eine *fassbare Struktur* vermitteln, mit der man gemeinsam arbeiten kann.

Schemapädagogik ist sicherlich ein komplexer Ansatz und erfordert daher eine hohe Expertise: Wer schemapädagogisch (effizient) arbeiten möchte, dem sollte (a) im Berufsalltag überwiegend der theoretische Rahmen des Modells präsent sein. Auf der anderen Seite (b) gilt es, die zahlreichen Informationen, die der Klient verbal und vor allem nonverbal kommuniziert, sowohl zu erfassen und überwiegend „richtig einzuordnen" als auch tiefenpsychologisch zu deuten. Das heißt, der Schemapädagoge muss (c) im Laufe der Zusammenarbeit irgendwann dazu imstande sein, vom Klienten ein ganz persönliches Modell zu entwerfen, mit dem er sich fortwährend auseinandersetzt. Die professionelle Haltung impliziert auch die, lapidar gesagt, förderliche Erkenntnis, dass der Pädagoge schließlich mehr über die Persönlichkeit des Klienten weiß, als jener selbst.

So viel zu den Grundlagen.

Im Folgenden möchte ich noch einige grundsätzliche Angelegenheiten klären. (Positive) Erfahrungswerte mit dem neuen Konzept namens Schemapädagogik gibt es schon: Die ersten (zweitägigen) Schemapädagogik-Veranstaltungen fanden Ende 2010/Anfang 2011 am Pädagogischen Landesinstitut Rheinland-Pfalz (PL) statt. Sie waren adressiert an Berufsschullehrerinnen und Berufsschullehrer.

Wie das nun mit der Kommunikation von neuen Konzepten so ist – es läuft noch nicht ganz rund. Es wurde zum Beispiel allen Beteiligten am Tag 1 der ersten Veranstaltung recht schnell klar, dass alleine schon der theoretische Rahmen der Schemapädagogik, etwa: Neurobiologie, Schematherapie, Bindungsforschung usw., die Fachkräfte geradezu „erschlägt". Grund: Die erwähnten Themen sind den meisten Lehrerinnen und Lehrern von Berufswegen her doch ziemlich unbekannt. (Doch natürlich kann nicht auf sie verzichtet werden).

Auf der anderen Seite – ein weiterer „Brocken" – stellt auch der Transfer der Grundlagen des Konzepts in den sozialpädagogischen Alltag hohe Anforderungen an die Fachkräfte. Es hat sich gezeigt, dass vor allem praktische Übungen bei der Vermittlung der schemapädagogischen Methoden hilfreich sind (zweiter Tag der Fortbildung).

Aufgrund der beschriebenen Fülle an relevanten Themen, die mit der Schemapädagogik einhergehen, habe ich mich dazu entschlossen, die Grundlagen und die bisherigen didaktisch-methodischen Konzepte zu Stichwörtern zu verdichten und in einem Nachschlagewerk zu veröffentlichen. Das Ergebnis halten Sie nun in Händen.

Das vorliegende Manuskript ist nun vor allem an diejenigen gerichtet, die sich mit dem Konzept konstruktiv und auch tiefgreifender auseinandersetzen möchten.

Wegen des Umfangs des Gesamtmanuskripts hat sich eine Veröffentlichung in zwei Bänden angeboten. Der vorliegende Band – *Handwörterbuch Schemapädagogik 1: Kommunikation, Charakterkunde, Prävention von Beziehungsstörungen* – ergänzt das „Schwesterbuch" *Schemapädagogik 2: Manipulationstechniken, Selbstklärung, Intervention.*

Die Handwörterbücher sind in erster Linie Nachschlagewerke. Die Leserin/der Leser kann schnell relevante Begriffe finden, sich fortbilden beziehungsweise das bereits vorhandene Wissen auffrischen.

Andererseits sollen mittels der Klärung weiterer Arbeitsbegriffe aus verschiedenen Humanwissenschaften, die im Alltag ebenfalls sehr relevant sind, auch tiefenpsychologische und kommunikationspsychologische Kompetenzen gefördert werden. Leider sind die entsprechenden Inhalte in der sozialpädagogischen Aus- und Fortbildung, wie Sie beim Lesen feststellen werden, ebenfalls noch stark unterrepräsentiert. Oft steht man als Pädagoge daher in der leidigen Pflicht, selbst aktiv zu werden, sprich: sich als Autodidakt zusätzliches Wissen anzueignen, das einen im Berufsalltag weiter bringt.

– Schemapädagogik kann in dieser Hinsicht, davon bin ich überzeugt, ein interessantes Thema sein.

Sie, liebe Leserin, lieber Leser, finden, weil ich nicht voraussetzen kann, dass Sie beide Handwörterbücher erworben haben, in *beiden* Bänden folgende Begriffe: „Schema", „Schemapädagogik", „Schemamodi".

Hinweise zu den Online-Materialien

Die beiden Handwörterbücher werden durch ausführliche und auch weiterführende Online-Materialien ergänzt, die regelmäßig aktualisiert werden. Es besteht die Möglichkeit, Arbeitsblätter, Fragebögen, Fallbeispiele, Beiträge, Artikel usw. auszudrucken. Zu den Materialien gelangen Sie auf zwei Wegen, und natürlich werden dabei verschiedenartige Voraussetzungen, die Sie möglicherweise von Berufswegen her mitbringen, berücksichtigt.

Wenn Sie Lehrer (jeglicher Schulform) im Angestellten- oder Beamtenverhältnis in Rheinland-Pfalz sind, kommen Sie über die Online-Seiten des Pädagogischen Landesinstituts Rheinland-Pfalz (PL) zum Ziel (http://kurse.bildung-rp.de).

Klicken Sie nun den Button „Förderschule" an, danach den Button „Schemapädagogik". Nach der Registrierung (NEUER ZUGANG) bekommen Sie per E-Mail vom Pädagogischen Landesinstitut Ihren Anmeldenamen und das Kennwort. Diese Daten sichern Ihnen den Zugang zur allgemeinen Lernplattform für Lehrerfort- und Weiterbildung des Pädagogischen Landesinstitutes Rheinland-Pfalz. Wenn Sie nun wieder die oben erwähnten Buttons anklicken und zur Anmeldung des Kurses „Schemapädagogik" gelangen, geben Sie zunächst Ihren Nutzernamen ein, den Sie per E-Mail erhalten haben. Das relevante Kennwort im

Zusammenhang mit dem Kurs Schemapädagogik lautet: **schemata**.

Nun finden Sie verschiedene pdf-Dateien (als Download), die in den verschiedenen Lern-Modulen (Fortbildung Schemapädagogik) thematisiert beziehungsweise bearbeitet werden; über die Druckfunktion des Browsers können Sie sie dann ausdrucken.

Sie können sich auch in den Foren mit anderen pädagogischen Fachkräften austauschen, an Fallbesprechungen teilnehmen oder sich aber auch für eine Schemapädagogik-Fortbildungsveranstaltung anmelden; regelmäßig werden welche am Pädagogischen Landesinstitut angeboten; sie sind in der Regel für alle Schulformen geöffnet.

Die zweite Möglichkeit gestaltet sich so, dass Sie, falls Sie außerhalb von Rheinland-Pfalz beschäftigt sind, meine Homepage zunächst aufrufen (http://www.schemapädagogik.de). Hier finden Sie auf der linken Seite den Button „Interner Bereich". Nachdem Sie diesen Button anklicken, geben Sie folgenden Benutzernamen ein: **Lehrer** (auf Groß- und Kleinschreibung achten); das Passwort lautet: **schemata** (klein geschrieben). Nun finden Sie ebenfalls weiterführende Informationen zum Ausdrucken.

Ich hoffe, dass Sie dieser Band bei Ihrer Arbeit in Ihrem pädagogischen Praxisfeld bei der Prävention und bei der Bearbeitung von Konflikten effizient unterstützt.

Worms, im Mai 2011
Dr. Marcus Damm

Kontakt
Institut für Schemapädagogik
Dr. Marcus Damm
Höhenstr. 56
67550 Worms
E-Mail: info@marcus-damm.de
Internet: www.schemapädagogik.de

A

Angst

Zusammenfassung

Zahlreiche konfliktreiche Situationen im Berufsalltag können Angst hervorrufen, auf Klienten- und natürlich gleichermaßen auf Pädagogenseite. Als psychisches, physisches und motorisches Erleben ist Angst, ganz allgemein gesagt, fester Bestandteil des Mensch-Seins.

Furcht, ein synonymer Begriff für dieses Potenzial, spielt im zwischenmenschlichen Alltag – in Beruf, Familie und Zweierbeziehung – häufig eine herausragende Rolle. Diese Relevanz ist nicht immer auf den ersten Blick ersichtlich.

Manchmal ist Angst sinnvoll und angebracht, oft aber hält sie Klienten wie auch Pädagogen von den wirklich wichtigen Aufgaben des Lebens ab; von förderlicher zwischenmenschlicher Begegnung, von Kreativität, Mut, Durchsetzungsvermögen, Extraversion, Gelassenheit, Sinnlichkeit und Authentizität. Daneben belastet Furcht auch Beziehungen, in der Regel unterschwellig.

In extremen Fällen bestimmt das Potenzial auf Klientenseite ganze Lebensentwürfe, etwa wenn Betroffene unter einer sogenannten Angststörung leiden und sich infolgedessen vom sozialen Leben zurückziehen, um „gefährliche" Situationen (aus deren Sicht) zu vermeiden (KLEESPIES 2003).

Zusammenfassend gesagt: Angst gehört zum Dasein und ist fest in unserer

Psyche verankert: Angst ist angeboren, erlernt, familiär geprägt; außerdem geht Furcht oft auf das Konto von vergangenen schmerzlichen Erfahrungen, die unbewusst später hinaus verallgemeinert werden (siehe DAMM 2007).

Angst ist auch ein Paradoxon – und macht sich bemerkbar als beklemmendes Gefühl. Andererseits nutzen manche Menschen das Potenzial, um ihre Grenzen auszutesten. Bei Extremsportlern ist das etwa der Fall; oder denken wir an Klienten, die das Risiko suchen, den „Kick".

Angst wirkt auf verschiedenen Ebenen – gleichzeitig
In unangenehmen pädagogischen Situationen kommt es leicht zur Aktivierung von Angst. Interessanterweise entspricht das Furcht- dem allseits bekannten Stresserleben.

Das heißt, der Puls beschleunigt sich wie von selbst (Adrenalin wird ausgeschüttet), ein „Kloß im Hals" wächst heran, der Mund wird trocken, die Sinne werden automatisch geschärft usw. Kurz gesagt: der Körper „fährt hoch" (BANDELOW 2010)!

Angst zeigt sich auf folgenden Ebenen gleichzeitig: gedankliche Ebene, körperliche Ebene, gefühlsspezifische Ebene, verhaltensspezifische Ebene.

Durch die genannten Phänomene soll eine sogenannte Kampf-Flucht-Reaktion ermöglicht werden. Der Mechanismus ist uralt. Man geht davon aus, dass er zu unserem archaischen Erbe gehört (BUSS 2004).

Argumentiert wird aus evolutionstheoretischer Perspektive in etwa so: *Hätten unsere Vorfahren in Urzeiten nicht dieselben Angstreaktionen in Gefahrensituationen gezeigt, hätten sie nicht lange in einer noch bedrohlichen Umwelt überlebt, wären eventuell ausgestorben.* – Entsprechend ist Furcht ein evolutionärer Schutzmechanismus.

Angst ist also prinzipiell sinnvoll, sie soll uns vor Gefahren für Leib und Leben schützen. Unser Alltag ist zwar in der Regel nicht lebensbedrohlich, aber die uralten Angstmechanismen „sitzen" noch in unseren Gehirnen, genauer gesagt, in den niederen Hirnregionen (etwa im limbischen System).

In Hinsicht auf den Umgang mit schwierigen Klienten spielt Angst daher auch tendenziell eine große Rolle, genauer gesagt, sie führt unter bestimmten Voraussetzungen zu Beziehungsstörungen.

So kann etwa ein cholerisch auftretender Lehrer aufseiten einiger Schüler von jetzt auf gleich extreme Kampf-Flucht-Tendenzen aktivieren – und die führen dann notwendigerweise zu nachteiligen Verhaltenstendenzen.

„Gute" Ängste

Man kennt mittlerweile verschiedene Ängste, die angeboren sind (GÜNTÜRKÜN 2000), etwa die Furcht vor Höhe. – Hierzu ein Beispiel: In einem bekannten Experiment setzte man Babys im Krabbelalter nacheinander in die eine Ecke eines Forschungsraums. Die jeweilige Mutter stand in der anderen. Dazwischen lag eine Glasplatte, und es hatte den Anschein, dass sich unter ihr ein Abgrund auftun würde. Die Mutter rief ihr Baby zu sich; es krabbelte munter drauflos – und stoppte intuitiv am Rande der Glasplatte.

Alle Babys im Experiment verhielten sich gleich. Ein Hinweis auf angeborene Verhaltenskomponenten.

Weitere angeborene Ängste sind aller Wahrscheinlichkeit nach folgende: Furcht vor der Dunkelheit, Menschenansammlungen, Schlangen und Spinnen. Man zurecht sagen, dass es sich hierbei eher um „gute" Ängste handelt, sie sollen, wie oben schon angedeutet, unser Überleben sichern (wobei es mittlerweile im mitteleuropäischen Raum keine ernsthaft giftigen Spinnen mehr gibt).

„Schlechte" Ängste

Doch Angst kann Klienten und Pädagogen in vielerlei Hinsicht stark einschränken. Oben wurde schon auf das Thema Angststörungen hingewiesen. Hiervon Betroffene leiden sehr, obwohl die meisten Phobiker in der Regel einsehen, dass es sich jeweils um irrationale, gänzlich unangemessene Ängste handelt.

Beispiel: Soziale Phobie. In diesem Fall nimmt der Betroffene stets an, dass er in der Öffentlichkeit peinlich auffallen würde. Die Mitmenschen werden in dieser Hinsicht weit überschätzt, anders gesagt, infantil wahrgenommen. Aufgrund nachteiliger Erwartungshaltungen („Alle werden gleich über mich lachen!") kommt es auch zur Aktivierung des oben schon beschriebenen Angsterlebens. Dies führt dann dazu, dass tatsächlich nachteilige Erfahrungen gemacht werden – aber überwiegend „nur" nach dem Prinzip der „sich selbst erfüllenden Prophezeiung".

Hinter Angststörungen steckt meistens ein sehr nachteiliges innerpsychisches „Ursachen-Mosaik". Das heißt, zu einem „stressanfälligen" Temperament gesellen sich meistens in der Kindheit nachteilige Erfahrungen mit dem sozialen Umfeld; und es kommt zur Ausprägung von „ängstlichen" Denkmustern (Schemata) über sich selbst und die Mitmenschen (BANDELOW 2010). Es dauert gewöhnlich sehr lange, bis eine Angststörung erfolgreich therapiert werden kann.

Furcht überwinden
Angst kann durch vielerlei Praktiken schrittweise „runter geregelt" beziehungsweise überwunden werden. Eine Arbeitsweise heißt: Reizkonfrontation (die Methode stammt aus der Verhaltenstherapie).

Das heißt, der Betreffende setzt sich bewusst derjenigen Situation aus, vor der er am meisten Angst hat. Zwei Beispiele:

1. Agoraphobiker, die entsprechend aus Angst keine „öffentliche Plätze" aufsuchen, treten aus ihrer Isolation heraus und werden zielorientiert aktiv;
2. Sozialphobiker begeben sich fortwährend in soziale Situationen, in denen sie geradezu gezwungen sind, verbal zu kommunizieren (auch abseits des Arbeitsalltags). (Im Umgang mit ängstlichen Klienten sind also Vielseitigkeit und Kreativität gefragt.)

Man kann als Professioneller stets auf eine wichtige, wissenschaftlich gesicherte Erkenntnis bauen: *Angst vergeht irgendwann von selbst, sogar in der jeweiligen Gefahrensituation.* Denn: Da es sehr für den Körper sehr „anstrengend" ist, das Angsterleben auf mehreren psychischen und physischen Ebenen aufrechtzuerhalten, gibt er, lapidar gesagt, „irgendwann auf", genauer gesagt, nach etwa 20 Minuten Reizkonfrontation (DOZIER 2001).

Ein solcher Fall zieht positive Lerneffekte nach sich. Weil Angst in der eigentlich gefürchteten Situation irgendwann nicht mehr gespürt wird, kommt es zu Umstrukturierungsprozessen im Gehirn (HAUTZINGER 2000). Dies dient gewissermaßen der „Selbsttherapie".

Das Wissen um diesen Mechanismus kann Pädagogen auch insbesondere hilfreich dabei sein, wenn sie Klienten in Sachen Angstüberwindung coachen.

B

Bedürfnisse

Im Folgenden werden fundamentale menschliche Grundbedürfnisse und ihre Relevanz im Alltag dargestellt und beschrieben. In Hinsicht auf dieses Thema ist zu bedenken: Es gibt innerhalb der Psychologie und Pädagogik unterschiedliche Bedürfnis-Tabellen, die sich auf eine phänomenologische beziehungsweise heuristische Herleitung stützen.

Der Grund dafür: Grundbedürfnisse sind nicht direkt wissenschaftlich messbar – daher kommen Theoretiker und Praktiker zu unterschiedlichen Gewichtungen (vergleiche GRAWE 2004). Doch die Tabellen weisen aber zahlreiche Überschneidungen auf, weshalb entsprechend genauere Aussagen mit einer hohen „Trefferquote" gemacht werden können.

Vertreter der sozialen Berufe müssen zwingend über sogenannte Basis-Bedürfnisse Bescheid wissen. Denn dieses Wissen trägt maßgeblich dazu bei, viele „schwierige" wie auch „eigenartige" Auffälligkeiten von Klienten im Alltag tiefgründiger zu verstehen.

Schließlich streben die Betreffenden immer wieder danach, gerade aktuelle Grundbedürfnisse zu befriedigen (was aber erfahrungsgemäß nicht oft authentisch kommuniziert wird).

Genauer gesagt: Dabei werden in der Regel, aufgrund der häufig vorhandenen belasteten biografischen Vorgeschichte, unpassende, ja sogar herausfordernde Kommunikationsmuster aktiviert, auf die die professionelle Fachkraft souverän reagieren sollte (› *Manipulationstechnik Appell, Image, Psychospiel, Test, Band 2*).

Einige der folgenden Neigungen werden naturgemäß als Gegensatzpaare aufgeführt, andere stehen für sich alleine (vergleiche ROSENBERG 2001).

1. Bindung und Autonomie

Angeboren ist demnach zunächst einmal der subjektive Wunsch nach Vergesellschaftung, das heißt, die Unterhaltung von positiven zwischenmenschlichen Beziehungen (ADLER 1966, siehe auch BOWLBY 1973).

Wird dieses Bedürfnis in den ersten Lebensjahren stark frustriert, etwa durch dauerhafte Verwöhnung beziehungsweise durch Nicht-Erfüllung, sind negative Folgeerscheinungen wahrscheinlich.

Der betreffende Klient im „Hier und Jetzt" möchte etwa Beziehungen eingehen, gleichzeitig erwartet er aber (mehr oder weniger unbewusst), dass er von dem Anderen irgendwann enttäuscht wird (› *Schema*); dann spricht man von einem sogenannten Nähe-Nähe-Konflikt (= Nähe wird angestrebt, gleichzeitig auch irgendwann gefürchtet).

In Bezug auf die unten thematisierten tiefenpsychologisch orientierten Charaktertypen (› *Charakterkunde, tiefenpsychologische*) ergeben sich hinsichtlich dieses Kontextes signifikante Unterschiede.

Wenn zum Beispiel ein Kind zu Hause *sehr* symbiotische Verhältnisse vorfindet (in Bezug auf seine Eltern), sagen wir, dauerhaft eine übermäßig umsorgende Bezugsperson erlebt, kann das zur Ausprägung bestimmter Selbst- und Beziehungsschemata führen. Eventuell entwickelt später hinaus der Betreffende infolgedessen das Bedürfnis, bestimmte Mitmenschen, vielleicht auch den Pädagogen, in die Rolle des ehemaligen „Umsorgers" zu manövrieren.

Hierzu werden dann in der Regel unbewusst verschiedene Manipulationstechniken eingesetzt (DAMM 2009), die Professionelle, nebenbei erwähnt, dem Klienten nicht „ankreiden" sollten (er „kennt" es ja nicht anders).

Es soll hier ganz klar herausgestellt werden: Der Begriff Manipulationstechnik ist keinesfalls wertend gemeint. Klienten, die über eine entsprechende Selbstkenntnis verfügen, sprechen erfahrungsgemäß auch nicht von Manipulationen, sondern eher von „existenziell sinnvollen Vorgehensweisen".

Wir müssen uns klar vor Augen führen: Der Betreffende *musste* gewissermaßen in früher Kindheit aus biografischen Gründen bestimmte kommunikative Strategien entwickeln, die immerhin „auf einem kostspieligen Umweg" die Befriedigung des einen oder anderen Bedürfnisses ermöglichten. Meistens kam man mit „Authentizität" nicht weit.

Das heißt zum Beispiel: Ein Klient, der „mütterliches" Verhalten von seinem Sozialarbeiter (unbewusst) erwartet, gibt sich etwa betont „hilflos" (ebenfalls nicht wertend gemeint).

Ein solches unterschwelliges Beziehungsgeschehen stellt dann quasi ein Wiederherstellungsversuch der kindlichen, „paradiesischen" Verhältnisse dar. Wie unten noch weiter ausgeführt wird, trifft dies meist auf den sogenannten *mütterlichen Charakter* zu: er (oder sie) bevorzugt stark die zwischenmenschliche Nähe.

Dies kann sich in negativer Ausprägung etwa dann darin zeigen, dass ein Klient sofort eine übertriebene Eifersucht entwickelt, sobald sich der Sozialpädagoge auch nur ansatzweise räumlich entfernt beziehungsweise sich um andere Klienten kümmert (› *Schema Aufopferung, Band 2*).

Noch bedenklicher kann sich die übertriebene Suche nach Nähe in solchen Zeiten auswirken, in denen der Betreffende mit sich selbst alleine ist; dann ist auch keine Person in Reichweite ist, die die „innere Leere" auszufüllen vermag.

In diesen Fällen liegt also neben einem sensiblen Nähe-Bedürfnis auch ein großes Angstempfinden im Falle des Alleinseins vor.

Im sozialpädagogischen Alltag trifft die Fachkraft dann und wann auf derart „gestrickte" Klienten. Man muss in dieser Hinsicht aufmerksam sein, „diagnostisch" vorgehen und außerdem seine Methoden auf das Phänomen abstimmen können!

Im Gegensatz dazu streben nicht wenige Klienten, besonders die sogenannten *phallischen Narzissten* (siehe unten) und auch die *zwanghaften* Persönlichkeiten, eher nach Autonomie und Selbstbestimmung (› *Charakterkunde, tiefenpsychologische*). Derartige Kinder und Jugendliche haben – anders als die mütterlichen Charaktere – geradezu Angst *vor* der intensiven Nähe; sie empfinden sie leicht als erdrückend. Auch auf solche Phänomene sollte der Sozialpädagoge achten.

Bisheriges Fazit: Wir können leicht sehen, dass sich Konflikte auf der Beziehungsebene in der Arbeit mit Klienten aus den unterschiedlichen (unbewussten) Nähe- beziehungsweise Distanzbedürfnissen ergeben können.

Daher lohnt es sich, den individuellen Grad an Bindungs- beziehungsweise Autonomiebestrebungen im Umgang mit schwierigen Kindern und Jugendlichen zunächst zu diagnostizieren und dann im gemeinsamen Austausch dem Klienten behutsam bewusst zu machen, um seinerseits den Modus des *Gesunden Erwachsenen* zu fördern (› *Schemamodus*).

Sollte ein Klient zum Beispiel eher zu mütterlichen Charaktereigenschaften neigen, also offensichtlich intime Nähe und Geborgenheit suchen, sollte darauf gut dosiert, anders gesagt, *komplementär* eingegangen werden, um Beziehungskredit aufzubauen. Kompromisse, mit denen beide Parteien leben können beziehungsweise müssen, lassen sich selbst bei diesen Konstellationen immer finden.

So kann etwa der mütterliche Charakter die Kompetenz entwickeln, bei unangenehmen Gefühlen Verhaltensalternativen auszuführen o.Ä. (› *Schemapädagogik, Ablauf*).

2. Sicherheit und Kontrolle (Macht)

MASLOW (1981), ein Vertreter der Humanistischen Psychologie, und unter anderem RIEMANN (1961/2009) haben auf dieses Grundbedürfnis hingewiesen. Natürlich sind diese Anliegen ebenso unterschiedlich stark ausgeprägt seitens der Klienten vorhanden. Selten empfinden die Beteiligten *denselben* Grad an Sicherheits- und Kontrollbestrebungen. Die zwanghafte Persönlichkeit etwa, nebenbei erwähnt, scheint einen typischen Hang zur Kontrolle zu offenbaren. Darauf wird unten noch eingegangen.

In Hinsicht auf das Bedürfnis Sicherheit und Kontrolle (Macht) verhalten sich Schemapädagogen ebenfalls weitgehend passend zur Motivebene seitens des Klienten, vor allem zu Beginn der Zusammenarbeit.

Man muss sich in diesem Fall erfahrungsgemäß keine großen Gedanken um die Diagnostik machen: Betreffende Klienten kommunizieren meistens offensichtlich und „unverblümt" dieses Bedürfnis, sei es in positiv-humorvoller („Herr X, sollen wir mal Armdrücken machen!?") oder negativer Ausprägung („Herr X, ich habe letztes Wochenende so einem Spast zwei Zähne ausgeschlagen!").

Der Professionelle sollte auf derartige Tests (› *Manipulationstechnik Test, Band 2*), die das Bedürfnis nach Macht nur „durch die Blume" kommunizieren, transparent eingehen und – noch wichtiger – authentisch vermitteln, dass er gewillt ist, einen oder mehrere kleinere Schritte auf den Klienten zuzugehen.

Natürlich ist hierbei Flexibilität gefragt („Nee, lass mal, beim Armdrücken habe ich doch gar keine Chance, schau mal deinen Bizeps an!" – „Na, da hast du aber ordentlich zugelangt").

Nun einige Worte zu einem (meiner Ansicht nach) sehr wichtigen Grundbedürfnis; es spielt vor allem bei gewaltbereiten Jugendlichen eine große Rolle.

3. Selbstwerterhöhung

Nach ADLER (1966) erlebt jeder Mensch das unausweichliche Schicksal in seiner Kindheit, sich gegenüber den Bezugspersonen, die an Kraft, Größe, Durchsetzungsvermögen usw. weit überlegen sind, minderwertig zu fühlen. Der Tiefenpsychologe ist davon überzeugt: Dies ein übliches Schicksal, das durch eine wohlwollende, einfühlsame Erziehung so früh wie möglich ausgeglichen werden muss. Wird diese Entwicklung nicht „gestoppt", bleiben nachteilige Folgen nach der Ansicht von ADLER nicht außen vor.

Die Alltagserfahrungen vieler Pädagogen mögen diese Theorie stützen, und auch die moderne Bindungsforschung sagt Ähnliches aus (vergleiche ZORN & RODER 2011).

Der Eindruck von Minderwertigkeit erhärtet sich übrigens besonders bei denjenigen Heranwachsenden, die später einmal mit dem Begriff „schwierig" etikettiert werden. Der Grund dafür liegt meistens in bestimmten Erziehungsfehlern (Überverwöhnung, Frustration, Verwahrlosung, Desinteresse).

In zahlreichen (schwierigen) Heranwachsenden – das lässt sich im Alltag oft beobachten – „wohnt" daher nicht ohne Grund ein mehr oder weniger stark ausfallendes Minderwertigkeitsgefühl, das zeitlebens kompensiert wird, und zwar auf zahllosen verschiedenen Wegen (etwa den Anderen unterwerfen, Mitschüler mobben usw.).

Solche Phänomene, so ADLER, gehen auf das Konto des sogenannten „Geltungsstrebens". Daraus folgt: Je mehr sich also ein Klient minderwertig fühlt, desto eher kompensiert er diesen Mangel durch Macht und Überlegenheitsstreben. Er will etwa in der jeweiligen Peer-group „nach oben kommen", sich behaupten, anerkannt sein (› *Charakter, phallisch-narzisstischer*).

Das hier thematisierte Motiv wird auch von GRAWE (2004) ausdrücklich in Hinsicht auf seine Relevanz bei Verhaltensauffälligkeiten und sogar Persönlichkeitsstörungen betont.

Und auch die sozialpädagogische Alltagserfahrung zeigt: Sehr viele „schwierige" Jugendliche suchen, ja „betteln" förmlich um Anerkennung. Doch irrationalerweise kommunizieren die Betreffenden das Motiv nicht authentisch, sondern ebenfalls „auf nervige Weise" (aus biografischen Gründen).

Diese Voraussetzungen machen es der Fachkraft in Hinsicht auf die Bedürfnis-Diagnose nicht gerade leicht; man muss gewissermaßen öfter „zwischen den Zeilen" lesen.

Zwei Beispiele sollen hier erwähnt werden, die leicht demonstrieren, wie dieses Bedürfnis irrational kommuniziert werden kann: „Herr X, ich habe letztes Wochenende zwei Tore beim Fußball geschossen!"; „Herr X, ich habe hier ein Sex-Video auf dem Handy!"

4. Lustgewinn und Unlustvermeidung

Mit diesem Begriffspaar, das bereits FREUD (1917/1991) thematisierte, ist die Tendenz des Menschen gemeint, prinzipiell nach dem zu streben, was subjektiv psychisch, physisch und seelisch „gut tut", und generell dasjenige zu vermeiden, was negative Gefühle und „Vibrations" verheißt.

Fazit

Nach meiner Erfahrung ist es sehr sinnvoll, die Grundbedürfnisse der Klienten im Auge zu behalten. Das ist erfahrungsgemäß sehr schwierig, weil sie ihre Bedürfnisse oft nicht authentisch kommunizieren, sondern quasi verdeckt.

Im Prinzip muss man sich öfter mal fragen: Welches Bedürfnis steckt hinter dem (kostenintensiven) „schwierigen" Verhalten, das der Klient gerade zeigt? Das heißt, man muss Klienten erst einmal „auf sich wirken" lassen.

Wie oben schon erwähnt: Im Alltag melden sich stets unterschiedliche, teils gegensätzliche Bedürfnisse, manche zeitgleich – was den betreffenden Klienten meistens gar nicht bewusst ist. – Eben noch möchten sie soziale Anerkennung für eine bestimmte Handlung, fünf Minuten später meldet sich ihr Geltungsstreben, danach möchten sie ihren Wunsch nach Kontrolle befriedigen usw.

Erfreulicherweise offenbaren die Klienten auch bestimmte stabile Persönlichkeitsstile, mittels derer sie ihre Bedürfnisse kommunizieren. Der Professionelle weiß irgendwann sehr genau über einen oder mehrere „schwierige" Klienten Bescheid – und kann dann seine Methoden auf den oder die Betreffenden „zuschneiden".

C

Charakterkunde, tiefenpsychologische

Viele Autorinnen und Autoren, die die Tiefenpsychologie vertreten, haben sogenannte „Typenlehren" aufgestellt. Die Auseinandersetzung mit einigen „Charakterkunden" ist in Hinsicht auf Menschenkenntnis, die Sozialarbeiter bestenfalls mit in den pädagogischen Alltag einbringen, sehr effizient.

Denn besonders in der Arbeit mit schwierigen Kindern und Jugendlichen tauchen immer mal wieder bestimmte irrationale Phänomene seitens der Klienten auf, die sich mithilfe einer entsprechend „tiefenpsychologischen Diagnostik" besser verstehen lassen.

Es lässt sich infolge einer Sichtung der entsprechenden Literatur eine tiefenpsychologisch-fundierte Typenlehre von gängigen Charakteren aufstellen, die wahrscheinlich jeder aus dem Alltag, Freundes- und Bekanntenkreis kennt.

Charakteristische Phänomene, die meistens kombiniert oder in einem bestimmten „Mischungsverhältnis" auftreten und sich entsprechend offenbaren, zum Beispiel durch Körpersprache, Sprechgewohnheiten, vertretene Werte usw., lassen oft Rückschlüsse zu auf die Verhältnisse, denen der Betreffende in der frühen Kindheit (wahrscheinlich) ausgesetzt war. Ein weiterer Vorteil: Der Klient wird infolge einer Berücksichtigung der tiefenpsychologischen Erkenntnisse etwas „gläserner", das heißt, man versteht seine Psychodynamik besser.

Die im Folgenden beschriebenen „Typen" sind von verschiedenen Therapeutinnen und Therapeuten erkannt worden, angefangen mit FREUD, die in jahrelanger Arbeit mit Klienten stets wiederkehrende, ähnliche Beobachtungen gemacht haben.

Drei charakterologische Grundformen wollen wir näher betrachten, in projektierten Veröffentlichungen, die derzeit in Planung sind, wird aufgrund der Fülle des Materials ausführlich die Thematik „Schemapädagogik bei den sogenannten Persönlichkeitsstörungen" beschrieben, siehe auch den Punkt „Weiterführende Literatur" am Ende der Arbeit).

Bei den drei Persönlichkeitstypen, die hier eine Rolle spielen sollen, handelt es sich um folgende Konstrukte:

1. *Zwanghafter Charakter* (vergleiche REICH 1933/2002 und RIEMANN 1961/1999) – signifikante Persönlichkeitseigenschaften dieses Stils, die in der Regel in Kombination auftreten, sind: übertriebene „Sauberkeit", Sparsamkeit (übergehend in Geiz), Sicherheits-, Ordnungs- und Kontrollstreben, übertriebene Gefühls- und Affektkontrolle;
2. *Mütterlicher Charakter* (vergleiche WILLI 1975/2001) – auffällig sind bei diesem Stil diese Phänomene: ausgeprägte Empathie, sehr starke Motivation, anderen zu helfen, Interesse an zwischenmenschlichen Problemen;
3. *Phallisch-narzisstischer Charakter* (siehe KÜNKEL 1928/2000, REICH 1933/2002; SCHULZ VON THUN 1989, 153ff.) – typischerweise neigen phallische Narzissten zur übertriebenen Selbstdarstellung, zu Körperkult; daneben: übertrieben „männliches" Auftreten und Hybris, das heißt „Selbstvergöttlichung". Das Lebensmotto heißt: „Ich bin ein ganz besonderer, ein echter Mann!"

Wahrscheinlich offenbaren viele Pädagogen wie auch Klienten entsprechende charakterologische Phänomene, selbstverständlich in unterschiedlicher Ausprägung.

Denn die erwähnten drei Hauptströmungen haben einmal während der physisch-psychischen Entwicklung (vor allem im Kindesalter) eine mehr oder weniger große Rolle gespielt (FREUD 1933/2002; siehe auch JASZUS et al. 2008).

Ein Klient nun, dessen Persönlichkeit sich *vorwiegend* aus einem Hauptthema zusammensetzt (das gibt es hin und wieder), offenbart ein typisches charakterliches Extrem – beziehungsweise kommuniziert gleichzeitig eine neurotische Fixierung an bestimmte soziale Verhältnisse, die in der Kindheit vorherrschten.

Manche Klienten kommen in der Tat ziemlich nahe an eine Reinform eines Charaktertypus heran. Sie offenbaren sozusagen eine spezifische *Charakteranomalie*. In diesen Fällen wäre eine Integration des jeweiligen (verdrängten) Gegenpols, den es bei „extremer Einseitigkeit" immer gibt, unumgänglich in Hinsicht auf die eigene Persönlichkeitsentwicklung.

Doch weil die entsprechenden Schattenseiten zumeist (unbewusst) allzu stark unterdrückt werden, sind bei den erwähnten Lebensstilen höchst einseitige Gewohnheiten zu beobachten. Oft sind auch Neurosen auffällig, das heißt, Phänomene des inneren seelischen Widerstreits.

Charakter, analer

Kommen wir nun zu einer Charakter-Nuance, die nach CORRELL (2003) 36% der arbeitstätigen Bevölkerung in Deutschland (Stand: 1996) tendenziell beeinflusst: die sogenannte zwanghafte (beziehungsweise „anale") Struktur (› *Schema Emotionale Entbehrung, Band 2*).

Im Unterschied zum mütterlichen Charakter, der ja vorwiegend ein empathischer, höchst offener und authentischer „Gefühlsmensch" ist (› *Charakter, mütterlicher*), ist der anale/zwanghafte beziehungsweise anal-sadistische Charakter – so wird diese Struktur in der Psychoanalyse ferner genannt – gewissermaßen das Gegenteil. Der Schwerpunkt liegt entsprechend auf der Vernunft (Logik), der Ratio – bei gleichzeitiger Abwertung des Emotionalen.

Ein (fiktives und überspitztes) Exempel: *Ein mütterlicher Charakter sitzt neben einem Zwangscharakter im Flugzeug. Irgendwann während des Fluges ergeben sich leichte Turbulenzen. Es kommt nun zu folgender Kommunikation: Mütterlicher Charakter (spontan aufgebracht): „Oh Gott, was, wenn wir abstürzen und sterben. Ich habe solche ANGST!" Zwangscharakter (kühl und gefasst): „Die Wahrscheinlichkeit eines Absturzes liegt bei den derzeitigen Variablen Wetterverhältnisse und Bau- und Verarbeitungsart des Flugzeugs bei exakt 1:1.000.000."*

Dem allgemeinen Streben des Zwangscharakters liegt nach FREUD (1917/1991) eine Fixierung an die 2. Phase der sogenannten psychosexuellen Entwicklung, anale Phase, zugrunde; ähnlich sehen dies auch zeitgenössische Psychoanalytiker (vergleiche KÖNIG 2003).

Zur Entstehung der analen/zwanghaften Gesinnung einige Worte: In besagter Zeit in der Kindheit, etwa zwischen dem 2. und 4.. Lebensjahr, beginnt der Heranwachsende, sich erstmals als Lebewesen mit eigenem *Selbstbewusstsein* wahrzunehmen. Das heißt, er entwickelt ein Ich-Bewusstsein (vorher kann er noch nicht konkret zwischen Subjekt und Objekt unterscheiden, die Übergänge sind noch „fließend").

Mit erstmals verbalisierten Widersprüchen wie „Will nicht!" oder „Nein!" fordert der heranwachsende Mensch seine Eltern in der „Trotzphase", wie der Volksmund diesen Entwicklungsabschnitt nennt, heraus.

Leicht entstehen dadurch Konflikte und Machtkämpfe zwischen Eltern und Kindern. Viele Erzieher machen diesbezüglich den Fehler, dass sie den (notwendigen) Konflikten zu viel Bedeutung beimessen, entsprechend permanent Machtkämpfe ausfechten und wichtige Variablen wie Zuneigung, Toleranz, Humor usw. links liegen lassen. Dies kann zwanghafte Phänomene seitens des Kindes „triggern".

Die wesentlichen gesellschaftlichen Aspekte, die für den Heranwachsenden in dieser Phase eine große Rolle spielen, sind häufig folgende:

> Sozialisierung,
> Sauberkeitstraining,
> Übernahme/Verinnerlichung der Gebote und Verbote der Eltern (= Entstehung des Über-Ich),
> schrittweise Kontrolle der Affekte und Gefühle (Stichwort: Emotionsregulation).

Weisen die Eltern selbst nun zwanghafte Züge auf, werden sie aufgrund ihrer eigenen Fixierung an die anale Entwicklungsstufe ihre Erziehungsmethoden mit an Sicherheit grenzender Wahrscheinlichkeit in der Art ausgestalten, dass ihr Kind ...

a) ... *möglichst früh „sauber" wird* (der Heranwachsende wird eventuell durch zu viel Druck „lernen", dass er Liebe erhält, wenn er die Ausscheidungsfunktionen und körperlichen Antriebe unterdrückt, anders gesagt, kontrolliert),

b) ... *sich insgesamt ruhig, brav und „lieb" in Gesellschaft aufführt* (vor allem dann, wenn Besuch ins Haus kommt oder wenn die Familie aushäusig unterwegs ist),

c) ... *gesellschaftlich erwünschte Sprech-, Ausdrucks-, Verhaltensweisen praktiziert und von den Eltern ausgewählte Hobbys pflegt.*

Die betreffenden Heranwachsenden bekommen außerdem zumeist erst dann Zuspruch (Lob), wenn sie sich „zusammenreißen können", sprich: funktionieren.

Werden die angedeuteten repressiven Erziehungsmethoden einseitig und ernsthaft betrieben, was bei Bezugspersonen mit entsprechendem Charakter tendenziell der Fall ist, dann verinnerlicht das Kind eine *Über*fülle an *rationalen* Kontrollmechanismen (› *Schema Emotionale Entbehrung, Band 2*).

Das heißt, Gefühle, Affekte, Emotionen aller Art, die jeder Mensch aufgrund von neurophysiologischen Gesetzmäßigkeiten jederzeit(!) erlebt (GRAWE 2004), werden mit mal mehr, mal weniger Motivation „von oben" fortwährend „unten" gehalten – damit, und diese Motivation steckt meistens dahinter, man nicht den „Unwillen der Bezugspersonen" provoziert. Leicht wird dieses Bestreben ein „Selbstläufer", der später hinaus automatisch die Beziehung zu sich selbst und anderen maßgeblich prägt.

Zusammenfassend gesagt: Infolge einer autoritären Erziehungspraxis entstehen leicht, was niemanden verwundern wird, seitens des Kindes selbst zwanghafte Charakterzüge (SACHSE 2004).

Ein weiteres Phänomen, das man in zwanghaften Familien oft vorfindet: In der entsprechenden Umgebung „gibt [es für Kinder] wenig Raum für eigene Gefühle und Meinungen. Meistens gibt es nur eine Meinung: die des dominierenden Elternteils; sie wird nicht als Meinung, sondern als absolutes Gesetz geäußert" (RINGEL 1955/2004, 85).

Meistens brechen dessen ungeachtet trotz zwanghafter Erziehungsmethoden immer mal wieder die *vitalen* Antriebe der Heranwachsenden durch – und dann „kracht es" zu Hause gewaltig (› *Schema Unzureichende Selbstkontrol-*

le/Selbstdisziplin).

Funktioniert aber die innerpsychische Identifizierung mit einem oder beiden Elternteilen weitergehend, kommt es zur Ausprägung bestimmter Schemata, die die Anpassung an die Forderungen des sozialen Umfelds sicherstellen; etwa folgende Muster sind diesbezüglich relevant: *Unterwerfung/Unterordnung* und *Emotionale Gehemmtheit.*

Parallel geht mit dieser schemaspezifischen Entwicklung auch die Ausprägung von charakteristischen Kommunikations-Lernprozessen einher, die in zukünftigen Zeiten häufig wieder, freilich unbewusst, zutage tritt: „Das Kind wird auf gewisse Streittechniken konditioniert, die für die spätere Ehebeziehung von Bedeutung sein werden: Es lernt, daß es in einer Beziehung darum geht, wer der Stärkere ist und wer die Macht hat. Wer nicht unterworfen werden will, muß sich den anderen unterwerfen." (WILLI 1975/2001, 110)

Gefühlsunterdrückende Erziehungsphilosophien haben generell Auswirkungen auf das ganze zukünftige Leben des Individuums; einige Bereiche möchte ich im Folgenden kurz beschreiben. WILLI (ebenda) nennt typische Phänomene, die zwanghafte Charaktere auffallend häufig in Kombination zeigen:

- Pünktlichkeit,
- Fleiß,
- „Sauberkeit",
- Sparsamkeit,
- Pedanterie,
- Korrektheit und Ordnungsliebe.

Das ständige Streben nach Korrektheit und Struktur beispielsweise ist meistens schon am Erscheinungsbild des Betreffenden erkennbar: konservative Kleidung, eine gewählte Ausdrucksweise (die sowohl im Beruf als auch zu Hause dominiert), „achtsame" Mimik und Gestik usw.

Übertriebene Sparsamkeit in allen Lebensbereichen ist typisch für die diese Struktur. Man beschäftigt sich gerne mit finanziellen Angelegenheiten, Tabellen und Listen.

Zwanghafte Persönlichkeiten zeigen nach FREUD (1907/2000) ganz augenscheinlich den starken Antrieb, bestimmte Beschäftigungen, Alltagshandlungen und -verrichtungen stets *gleichartig*, quasi nach einem ungeschriebenen „Gesetz" auszuführen.

Der Begründer der Psychoanalyse nennt als Beispiel unter anderem das sogenannte „Bettzeremoniell": „Der Sessel muß in solcher, bestimmter Stellung vor dem Bette stehen, auf ihm die Kleider in gewisser Ordnung gefaltet liegen; die Bettdecke muß am Fußende eingesteckt sein, das Bettuch glatt gestrichen; die Polster müssen so und so verteilt liegen, der Körper selbst in einer genau bestimmten Lage sein; dann erst darf man einschlafen." (FREUD 1907/2000, 14)

Sexualität und Aggressionen werden verschoben, das heißt, in Form sogenannter Ersatzhandlungen sekundär befriedigt
Kinder zwanghafter Eltern müssen, wie oben schon erwähnt, ihre Affekte und sonstigen vitalen Bestrebungen übermäßig unterdrücken; diese Eigenart automatisiert sich manchmal. Interessant zu beobachten bei diesen Fällen ist hierbei ein spezifisches Phänomen, das hieraus erfolgen kann; es zeigt sich zunehmend im Erwachsenenalter.

Gemeint ist der Mechanismus *Verschiebung* (siehe KÖNIG 2003). Scheinen „deplatzierte", etwa aggressive Impulse in einer bestimmten Alltagssituation einmal die Oberhand gewinnen zu wollen (bottom-up-Aktivierung), was zu gegebenen Anlässen jederzeit im Prinzip möglich ist, dann müssen viele Menschen mit dieser Struktur *sofort* Ersatzhandlungen in *zwanghafter* Art und Weise praktizieren, die wenigstens, so muss man sagen, *symbolisch* die „schmutzigen" und „bösen" Gedanken, die man aus biografischen Gründen nicht haben darf, sekundär befriedigen.

Nach der Psychoanalyse (etwa RIEMANN 1961/2009) erfüllen in der Regel

- ausgeprägtes Putzen (wobei die Grenze zwischen Logik und Extrem verwischt),
- übersensibles Reinhalten von Wohnungsräumen,
- -einrichtungen und
- Vorgärten diese Funktion.

Die unliebsamen innerpsychischen Antriebe werden also auf „neutralen" Gebieten abreagiert, das heißt, in Form sogenannter Ersatzhandlungen befriedigt. Diese Handhabungen bringen einen – immerhin sekundären – Lustgewinn mit sich.

Wie keine andere – im vorliegenden Kontext behandelte – Charakterstruktur neigt der Zwangscharakter aus den genannten Gründen (unbewusst) zur Doppelmoral, was sich in der Regel vor allem in zwei Phänomenen zeigt:

1. Nach außen hin ist man peinlichst genau um Freundlich-, Sittlich- und Höflichkeit bemüht. Man will so sein, wie *man* es als Kind immer von den Eltern (man muss fast sagen) „gepredigt" bekommen hat.
2. Der unbewusste Gradmesser einer jeden Handlung sind im Hier und Jetzt immer noch die Meinungen und Werte der Erzieher von damals, die mittels des Prozesses der Verinnerlichung zu eigenen Maßstäben wurden (Über-Ich).

Es ist eigentlich überflüssig zu erwähnen, dass diese Charakterstruktur eher selten auf Klientenseite vorliegt, aber sicherlich doch dann und wann auf Helferseite. Besonders Sozialpädagogen, die in Augen ihres Umfeldes als sehr streng, sparsam, unempathisch und penibel gelten, offenbaren zwanghafte Züge.

Doch das muss keinesfalls ein Nachteil sein. Im Gegenteil: Sicherlich positiv in Hinsicht auf den sozialpädagogischen Alltag ist das Streben nach Struktur und Ordnung. Beide Faktoren fehlen ja häufig auf Klientenseite. Wenn Helfer also eine „Prise" Zwanghaftigkeit offenbaren, ist das prinzipiell als fortschrittlich zu bewerten. Doch sollten die Ansprüche, darauf sollten Betreffende achten, an die Klienten nicht zu hoch geschraubt werden.

Charakter, mütterlicher

Auch die zweite Charakterstruktur, die im vorliegenden Rahmen psychoanalytisch beleuchtet wird – der sogenannte mütterliche Charakter –, wird schon in der Kindheit durch bestimmte soziale Einflüsse grundgelegt und ausgeformt (› *Schema Aufopferung, Band 2*).

Manche Personen, die in ihrer Kindheit übermäßig und langfristig umsorgt werden und infolgedessen zumeist ihr Selbst nicht ausreichend ausprägen können, neigen leicht späterhin zu bestimmten stabilen Auffassungen (Schemata), etwa zu den Überzeugungen...

> ... dass es gewinnbringend im Leben ist, sich (unbewusst) permanent als hilflos, als „Looser" darzustellen,
> ... (oder das andere Extrem) dass man *Mitmenschen jederzeit beizustehen hat* (im Folgenden wird der letztere Fall fokussiert).

Infolge der eingangs erwähnten, wahrscheinlich nicht unüblichen Erziehungskonstellation – die Bezugsperson ist der „aktive Umsorger", das Kind der „passiv Umsorgte" – resultieren nicht selten schwerwiegende Minderwertigkeitsgefühle, weil (siehe oben) das Kind keinen Selbstwert, keinen Zweck an sich als Person erfährt. Entsprechend heißt es zu häufig: „Komm, ich mach das für dich, das kannst du doch nicht"; oder: „Ohne uns wirst du immer verloren sein."

– Derartiges hören Kinder von Eltern, die entsprechend überengagiert sind, sehr oft. Und wer häufig vernimmt, dass er ohne die Hilfe seiner Bezugspersonen nichts zustande bringt, der glaubt es eventuell auch irgendwann selbst, sodass sogar naturgegebene Potenziale verkümmern. Die Angst vor der Selbstständigkeit ist nach Jahren der Passivität dann irgendwann voll ausgeprägt und im schlechtesten Fall ein Leben lang existent (› *Schema Verstrickung/Unentwickeltes Selbst, Band 2*).

Mütterliche Charaktere sind, psychoanalytisch gesprochen, an die erste Phase der psychosexuellen Entwicklung, orale Phase, fixiert (WILLI 1975/2001).

Es liegt nahe, dass sich in Bezug auf die erfahrenen Erziehungsmethoden *ein* bestimmtes Reaktionsmuster ganz besonders anbietet: *Man unterstützt permanent Mitmenschen bei Problemen*; das heißt, der Betreffende nimmt kompensatorisch (vorauseilend) den aktiven Part in Beziehungen ein (ebenda, 95).

Erfahrungsgemäß offenbaren die Betreffenden einige Auffälligkeiten, die im Folgenden genannt werden sollen:

> Der mütterliche Charakter offenbart sich den Mitmenschen gegenüber als interessierter Gesprächspartner, genauer gesagt: Zuhörer. Das Gegenüber

fühlt sich schnell „rundum verstanden" und angenommen.
- Nicht selten hat der Betreffende einen großen (mehr oder weniger problembeladenen) Freundeskreis; der mütterliche Charakter wird zuerst kontaktiert, wenn es Probleme in zwischenmenschlichen Beziehungen gibt oder sonstige Krisen gerade aktuell sind. Diese Rolle erfüllt die hier thematisierte Struktur im Grunde genommen sehr gerne.
- Da Betreffende in ihrem sozialen Umfeld schnell auf die Helferrolle festgelegt werden (dafür sind sie natürlich selbst verantwortlich), werden sie regelmäßig funktionalisiert, sprich ausgenutzt.

Aus den genannten Gründen sind mütterlichere Charaktere häufig in sozialen Berufen zu finden, wo man naturgemäß den Mitmenschen in Form von Bildung und/oder Erziehung „beistehen" kann. Folgende Berufe bieten sich entsprechend an: Krankenpfleger, Erzieher, Physiotherapeut, Arzt, Berater, Lehrer etc.

Viele der Betreffenden erwecken leicht den Eindruck, sie könnten keiner Fliege etwas zuleide tun. Hierfür verantwortlich ist in der Regel eine Art innerpsychische Affektsperre.

Natürlich verspüren die Betreffenden auch einmal Aggressionen und Wut im Alltag; die hier behandelte Charakterstruktur kann derartige Regungen irrationalerweise aber nicht mit dem Selbstbild vereinbaren, weil in der frühen Kindheit entsprechende Affekte in der Regel vonseiten des sozialen Umfelds nicht positiv verstärkt beziehungsweise mittels *Schuldgefühlserweckung* (RIEMANN 1961/1999) sogar erfahrungsgemäß sanktioniert wurden („So kannst du nicht über deine Eltern denken! Was wir alles für dich getan und aufgegeben haben!"). Daher ist es kein Zufall, dass Betreffende unter Stress oft irgendwann „nach innen" explodieren und psychosomatische Symptome entwickeln.

Nicht selten kommt es vor, dass mütterliche Charaktere, die monate- und jahrelang für „die Anderen" da sind, irgendwann nicht mehr „geben" können oder wollen (Stichwort: Burn-out).

Charakter, phallisch-narzisstischer

Eine weitere Charakterform, die von Psychoanalytikern ausführlich untersucht und beschrieben wurde, und die, nebenbei erwähnt, zunehmend von „schwierigen", gewaltbereiten Klienten offenbart wird, wird phallisch-narzisstische Struktur genannt. (Lassen Sie sich nicht von der männlichen Schreibweise irritieren, das biologische Geschlecht ist – wie auch bei jeder anderen bis hierhin beschriebenen Struktur der Fall – irrelevant.)

Der phallische Narzisst, auch volkstümlich „Macho" genannt, strotzt anscheinend vor Selbstbewusstsein und ist zeitlebens mehr oder weniger darum bemüht, sich vom „gemeinen Volk" abzugrenzen. Sein Lebensmotto lautet: Höher, schneller, weiter. Auffällig ist ein ständiges Andere-übertrumpfen-Wollen. Dies zeigt sich beispielsweise bei der Wahl des Berufs, Kleidungsstils, Autos, Freundeskreises, Hobbys, Geschlechtspartners usw.

Am liebsten möchte der hier thematisierte Charakter aufseiten der sozialen Umwelt den Eindruck erwecken, dass er „etwas ganz Besonderes" ist (› *Schema Anspruchshaltung/Grandiosität, Band 2*).

Diese Mentalität unterscheidet sich in Bezug auf das alltägliche Auftreten sehr stark vom mütterlichen Charakter, der in der Öffentlichkeit eher zurückhaltend ist, und auch vom Zwangscharakter, der etwas steif und leicht „androidenhaft" auftritt (vergleiche STORCH 2004).

Phallische Narzissten geben sich „gewöhnlich überlegen, entweder kalt zurückhaltend oder höhnisch-aggressiv, manchmal ›stachelig‹" (REICH 1933/2002, 271f.).

Die äußere Erscheinung zeichnet sich meistens aus durch Souveränität oder Selbstsicherheit, meist übergehend in arrogantes, kommunikationsfreudiges Imponieren-Wollen.

Nach CORRELL (2003) sind etwa 14% der Allgemeinbevölkerung von phallisch-narzisstischen Motivationen maßgeblich beeinflusst. Derartige Mentalitäten streben nach führenden Positionen in Wirtschaft und Politik, ähnlich wie auch die Zwanghaften, aber nicht deshalb, weil es *sichere*, sondern weil es allgemein *angesehene* Berufe sind.

Nach REICH (ebenda) ist der Typus des Selbstdarstellers am häufigsten vertreten unter Sportlern, Flugzeugführern, Ingenieuren, Autoren, Politikern,

Selbstständigen, Künstlern, Literaten, Schauspielern.

Neben auffälliger Kleidung gehört, wie schon gesagt, auch die ausführliche Selbstinszenierung, verbal und nicht-sprachlich, zu den wesentlichen Charakteristiken.

Ein Beispiel: Beim spontanen Smalltalk mit dem professionellen Helfer, der automatisch nach und nach Strukturen eines Monologs annimmt, geht es eigentlich oft oder gar ausschließlich nur um den phallischen Narzissten selbst, das heißt, um *seine* exklusiven Bekanntschaften, *seine* Leistungen, *seine* Lebenspläne, *seine* „einzigartige" Lebensgeschichte.

Der Zuhörer hat dabei oft nur die Rolle des „staunenden Zuhörers" inne beziehungsweise: er wird in diese, meist für ihn unmerklich, gedrängt.

Doch wenn man sich das Phänomen „genauer ansieht, steckt hinter jedem Streben nach dem ›Obensein‹ immer nur die Angst vor dem ›Untensein‹" (KÜNKEL 1928/2000, 19).

Der vorherrschende Grund, wieso diese Charakterstruktur häufig in der Öffentlichkeit anzutreffen ist, liegt darin, dass phallische Narzissten ein eigenes Publikum *brauchen*, das heißt, einen Resonanzbogen für ihre Selbstdarstellung.

Zu den auffallendsten Eigenschaften der hier besprochenen Gesinnung gehören nach REICH auch aggressiver Mut und Angriffslust. Wie oben erwähnt, sind mütterliche Charaktere generell nur schwer in der Lage, Aggressionen frei zu äußern; sie werden demgegenüber (reflexartig) unwillkürlich gegen das eigene Ich gerichtet, weil bei kursierenden Hassimpulsen sofort Schuldgefühle entstehen. – Zwangscharaktere andererseits reagieren gefühlten Missmut *unterschwellig* an ihren Mitmenschen ab, weil sie ein so drakonisches Über-Ich (Gewissen) haben.

– Der phallische Narzisst hingegen ist in der Lage, und das macht ihn so typisch „maskulin" und extrovertiert, *alle* vitalen (emotionalen) Strebungen offen und „ungebremst" auszuleben.

Doch unerwähnt bleiben darf Folgendes nicht: Männliche phallische Narzissten zeigen Aggressionen deshalb oft in übersteigerter Weise, um die eigenen passiven, femininen Strebungen, die sich immer mal wieder melden – da sie jeder(!) Klient auch offenbart –, abzuwehren und zu verdrängen. Die für den phallischen Narzissten eigentümliche extrovertierte Art wird entsprechend schon in der Kindheit eingeübt und etwa durch das soziale Umfeld positiv verstärkt.

F

Familienhilfe, sozialpädagogische

Die Sozialpädagogische Familienhilfe (SPFH) wird als ambulante Hilfe zur Erziehung definiert (KREUZER 2001). Das Angebot wird von so gut wie allen örtlichen Jugendämtern angeboten.

Eine für die Maßnahme zuständige Familienhelferin sucht in der Regel mehrmals in der Woche Familien, die psychosozialen Förderbedarf haben, in deren eigenen vier Wänden auf und unterstützen und betreuen sie.

Im Fokus der Helferin stehen unter anderem:

➢ Alltags-, Beziehungs- und Kommunikationsprobleme,
➢ Erziehungsangelegenheiten,
➢ „Erziehungsfehler" (Gewalt, Missbrauch, Gleichgültigkeit).

SPFH ist längerfristig angelegt und kann sich über mehrere Monate erstrecken. Doch nicht selten stoßen professionelle Helfer in diesem Arbeitsfeld auf ein spezielles Problem: Nicht immer sind die Familienmitglieder motiviert, die Maßnahme auch anzunehmen.

Dies führt in Bezug auf die hier dargestellte schemapädagogische Perspektive häufig zu energischen Tests, Images und Psychospielen in der Anfangsphase der SPFH (siehe unten). Diese muss die Familienhelferin „bestehen" und entsprechend eigene nachteilige Schemamodi bewusst unterdrücken (› *Manipulationstechniken, Band 2*).

Verschiedene theoretische und praktische Konzepte werden in der SPFH vertreten (HOFGESANG 2005). Je nach theoretischem Hintergrund wendet die Helferin verschiedene Interventionen an. Im Allgemeinen ist festzustellen, dass systemisches Arbeiten und Ressourcenorientierung im Vordergrund der SPFH stehen.

In Bezug auf die systemische Perspektive heißt das: Das Verhalten von Vater, Mutter, Kind muss vor dem Hintergrund des Familiensystems betrachtet werden. Die Verhaltensweisen der Beteiligten stehen in Wechselbeziehungen: *Das Tun des Einen ist das Tun des Anderen.*

Kommt es beispielsweise zu individuellen Krisen, so wird das Familiensystem als Ganzes davon in Mitleidenschaft gezogen. Unter Umständen kommt es dann auch zur Herausbildung eines „Sündenbocks", an dem verschiedene Konflikte gleichzeitig ausgetragen werden.

Der Betreffende ist dann quasi der Symptomträger, der stellvertretend für zentrale familiäre Probleme steht.

Während der Praxis der familienorientierten Interventionen wird auch irgendwann ein Hilfeplan unter Beteiligung der einzelnen Familienmitglieder erstellt, in denen kurzfristige und langfristige Ziele festgehalten werden. Jeder kommt zu Wort und wird erhört. Dabei geht es um die Verbalisierung von Wünschen, Ängsten und um andere relevante Anliegen.

Die Familienhelferin wahrt entsprechend der systemischen Arbeitsweise Neutralität, das heißt, sie verbündet sich nicht mit einem Familienmitglied. Das Thema Kindeswohlgefährdung ist trotz der neutralen Einstellung stets hoch relevant.

Da die SPFH eine „familienerhaltende Intervention" ist, hat sie folgendes Ziel: Die Familie soll schrittweise dazu befähigt werden, ihre Schwierigkeiten selbst in den Griff zu bekommen und die Zukunft selbst zu bewältigen. Die Maßnahme hat also wieder den Charakter einer Hilfe zur Selbsthilfe.

Die SPFH stellt die Fachkraft vor hohe Anforderungen. Sie wird selbst Teil des Systems und damit muss sie kompetent umgehen. Sie bewegt sich geradezu in einem Spannungsfeld zwischen Wertschätzung und Zurückhaltung einerseits und Provokation und Veränderung andererseits.

Das heißt, die Familienhelferin muss eine vertrauensvolle Beziehung aufbauen, darf aber dabei nicht ihr Ziel aus den Augen verlieren; dieses Ziel wird nicht durch Anpassung alleine erreicht. „Reine" Anpassung führt auf Klientenseite nicht zu Veränderung.

Netzwerkarbeit ist auch in diesem Arbeitsfeld ausdrücklich erwünscht. Gerade bei Familien, die sich überwiegend von der Gesellschaft abgeschottet haben, ist es Programm, das System nach außen hin zu öffnen.

In der Diagnostikphase geht es daher auch um Fragen wie: Welches Bild hat die Familie von sich selbst? Welche aushäusigen Kontakte unterhalten die Familienmitglieder?

Oft zeigt sich bei problematischen Gruppen die Tendenz zur sozialen Isolation. In solchen Fällen interveniert die Familienhelferin gezielt. Die einzelnen Mitglieder werden entsprechend Schritt für Schritt „vergesellschaftet", sozial vernetzt. Hierzu veranstaltet die Familienhelferin gemeinsame Projekte, Ausflüge, Spielabende, an denen auch Personen aus dem Umkreis teilnehmen. Diese Interventionen sollen außerdem Ressourcen aktivieren und fördern.

Beispiel: Schemapädagogik in der SPHF

Die Familienhelferin Frau G. unterstützt seit zwei Monaten die alleinerziehende Mutter Maria (46) und ihre Tochter Sara (17). Die beiden leben in einem gemeinsamen Haushalt. Maria ist arbeitslos, Sara besucht eine Fachschule. Ihren Vater Heinz (53) sieht Sara nicht oft, worunter sie sehr leidet. Ihre Eltern haben sich vor zwei Jahren getrennt.

Mutter und Tochter haben aktuell ein angespanntes Verhältnis. Das liegt laut Sara, mit der Frau G. häufig unter vier Augen spricht, überwiegend am neuen Freund ihrer Mutter. „Er ist so aggressiv wie all die anderen vorher!" **(Hinweis auf das Schema Misstrauen/Missbrauch).**

Der 50jährige Dachdecker Mike kommt häufig zu Besuch, ausschließlich abends, wenn die Familienhelferin nicht mehr anwesend ist. Er und Maria veranstalten dann meistens ein Trinkgelage. Im Laufe der Zecherei geraten die beiden aneinander. Die Tochter verlässt daraufhin die Wohnung und übernachtet bei ihrer Freundin – es kommt dann auch bei ihr zum Alkoholmissbrauch **(Modus Distanzierter Selbstberuhiger)** *und zum selbstschädigenden Verhalten (Ritzen)* **(Modus Innerer Bestrafer – nach innen wirkend).**

Laut Sara arten die Abende, an denen ihre Mutter mit ihrem Freund trinkt, manchmal in Handgreiflichkeiten aus. Mike hat Sara bisher stets in Ruhe gelassen. Aber sie hat Angst vor ihm, vor allem, wenn sie nach solchen Abenden bemerkt, dass das Gesicht ihrer Mutter einige Schrammen und Hämatome aufweist *(**Erduldung des Schemas Misstrauen/Missbrauch**)*. Trotzdem lässt Maria nichts über Mike kommen. Im Gegenteil: Wenn ihre Tochter sie mit ihren Verletzungen im Gesicht konfrontiert, verliert sie die Fassung, zweimal hat sie unkontrolliert auf Sara eingeschlagen *(**Modus Aggressiver Beschützer/Innere Bestrafer – nach außen wirkend**)*. Dann ergreift die Tochter die Flucht und ist mehrere Tage nicht auffindbar. „Wenn ich weg bin, bin ich richtig scheiße drauf, dann muss ich mich ritzen!" *(**Modus Innerer Bestrafer – nach innen wirkend**)*. Als Frau G. Maria auf ihren neuen Freund anspricht, sagt Maria: „Er ist ein netter Kerl!" *(**Modus Distanzierter Beschützer**)*

Die Familienhelferin stößt noch auf ein weiteres Problem: Sara fehlt oft in der Schule; meistens nach besagten Abenden *(**Modus Impulsiv-undiszipliniertes Kind**)*. Die erste Mahnung aufgrund unentschuldigter Fehlzeiten kam schon per Post – was wiederum zum Streit zwischen Mutter und Tochter führte. Ansonsten sind ihre Noten recht gut.

Die Familienhelferin baut zu Mutter und Kind ein vertrauensvolles Verhältnis auf und unterstützt sie bei alltäglich anfallenden Aufgaben. Maria erzählt ihr reflektiert unter vier Augen, dass ihre Kindheit sehr schlimm gewesen sei *(**Modus des Gesunden Erwachsenen**)*. Ihr Vater sei ein gewalttätiger Säufer gewesen, der sie und ihre Mutter oft psychisch und physisch gequält hätte *(**Ursache des Schemas Misstrauen/Missbrauch**)*.

Nach solchen biografisch orientierten Gesprächen ist Maria regelrecht ergriffen und einsichtig. Eines Tages kommt während einer solchen Unterhaltung Sara zur Tür herein.

Die Mutter bricht spontan in Tränen aus, umarmt ihre Tochter und bittet sie um Vergebung *(**Modus des Gesunden Erwachsenen**)*. Frau g. stellt noch am selben Tag mit den beiden eine Liste zusammen, die zukünftige Kommunikations- und Verhaltensregeln beinhaltet. Unter anderem wird auch schriftlich fixiert, dass der Kontakt zu Mike unterbunden werden soll, weil er eine Gefährdung für Mutter und Kind darstellt.

Sara verpflichtet sich, (a) nicht mehr die Schule zu schwänzen, (b) nicht mehr

*Reißaus zu nehmen und (c) sich nicht mehr zu ritzen (**Modus des Gesunden Erwachsenen**). Falls die Abmachungen nicht eingehalten werden und es zu weiteren körperlichen Schädigungen kommt, so der Konsens, schaltet Frau G. das Jugendamt ein.*

*Zwei Tage nach der Erstellung des Plans besucht die Helferin erneut die Familie. Sie wird von Maria empfangen, die ihr noch an der Tür eröffnet: „Sara ist abgehauen, ich weiß auch nicht, warum!" (**Modus Distanzierter Beschützer**) Maria trägt dickes Make-up, aber Frau G. bemerkt, dass Maria ein blaues Auge hat – und eine ziemlich auffällige Alkoholfahne (**Erduldung des Schemas Misstrauen/Missbrauch; Untergeordneter Modus – Angepasster Unterwerfer**).*

Schemapädagogische Analyse

Maria hat in ihrem aktuellen Freund wahrscheinlich eine Vater-Ersatzfigur gefunden, mit der die Vergangenheit wieder aktualisiert wird. Dass eine solche Beziehung schwerwiegende Probleme mit sich bringt, ist für die Betreffende nicht relevant. Es kommt zu körperlicher Gewalt, und auch die Tochter erfährt massive Beeinträchtigungen. Sie reagiert darauf mit der Aktivierung zweier maladaptiver Modi.

Die Mutter sollte im Laufe der SPFH den Zusammenhang zwischen Vergangenheit und Gegenwart erkennen; dies wäre die Grundlage für Verhaltensänderungen. Die Erstellung eines Schemamodus-Memos ist sinnvoll. Auch die Tochter sollte sich über ihre beiden maladaptiven Bewältigungsmuster bewusst werden.

G

Generalisierte Angststörung

Im Mittelpunkt dieser Erkrankung, die manchmal mit den Schemata *Soziale Isolation, Emotionale Vernachlässigung* und *Unterwerfung/Unterordnung* (› *Band 2*) einhergeht, stehen *Sorgen* beziehungsweise ängstliche Erwartungen von Katastrophen im Alltag, die vom Klienten als unkontrollierbar eingeschätzt werden (BECKER & HOYER 2005a).

Die Sorgen, die den Betreffenden nicht mehr loslassen, kreisen meist um die Familienangehörigen, aber auch um die „gefährliche Welt da draußen" im Allgemeinen. BANDELOW (2010) hat bemerkt, dass, wenn es eine Stellenausschreibung für Menschen mit Generalisierter Angststörung geben würde, sie folgendermaßen lauten müsste: „Muss in der Lage sein, sich 24 Stunden am Tag zu sorgen."

Mit der Generalisierten Angststörung gehen ähnliche Phänomene einher wie bei Sozialer Phobie, vor allem der Rückzug aus dem öffentlichen Leben ist auffällig. Vor lauter Selbstschutzbestrebungen traut sich der Klient im schlechtesten Fall irgendwann nicht mehr vor die Tür, geschweige denn, Aufgaben im sozialen Miteinander zu übernehmen.

Diese Furcht ist für den objektiven Beobachter, auch für den Professionellen, natürlich weit überzogen. Man würde mit KAST (2004, 49) vielleicht sagen: „Man kann sich auch zu Tode schützen."

Diese Beeinträchtigung nimmt insofern eine Sonderstellung unter den Angststörungen ein, als betreffende Klienten sich offenbar *direkt den Ängsten zuwenden*. Bei den anderen Angelegenheiten sieht es so aus, dass Angst kognitives Vermeideverhalten, Abwehr und Flucht provoziert.

Tiefenpsychologen wie RINGEL (1955/2004) nehmen an, dass der Sinn der Hinwendung im Folgenden liegt: Dadurch, dass sich Betroffene *offensichtlich* sorgen, können sie von anderen Ängsten ablenken, die unter der Bewusstseinsoberfläche liegen. Einfach gesagt, das Sich-Sorgen-Machen lenkt in vielen Fällen entsprechend von verdrängten Spannungen ab.

Nach der Meinung von KLEESPIES (2003) wird die Generalisierte Angststörung oft durch ein belastendes Lebensereignis verursacht (› *Soziale Phobie*). Meistens sind ältere Klienten betroffen, aber der Trend geht neuerdings auch in die andere Richtung (BECKER & HOYER 2005a).

Mittels der Sorgen, die aus Sicht des Klienten selbstverständlich stets angebracht sind, rechtfertigt man fortwährend vor sich selbst und anderen das sogenannte „Rückversicherungsverhalten". Das heißt, man *prüft* regelmäßig, ob Personen aus der Peer-group bei dieser oder jener Unternehmung auch *wirklich nichts passiert ist.*

Der Betroffene entwirft stets Katastrophenszenarien, ohne aber, und das ist typisch, zu einem konkreten Endergebnis zu kommen. Klienten mit Generalisierter Angststörung klingen überdurchschnittlich oft „mal eben" durch und fragen, „ob noch alles in Ordnung ist".

Aufgrund der dargestellten Phänomene herrscht Dauerstress vor. Muskelverspannungen und Nervosität sind daher typisch. Diese Symptome werden oft begleitet von einer überdurchschnittlichen Wachsamkeit sowie von Ein- und Durchschlafstörungen.

Wenn dieser Gesamtzustand länger anhält, zieht er in vielen Fällen körperliche und seelische Beeinträchtigungen nach sich. „In ständiger Angst zu leben führt zur Erschöpfung und macht normales Funktionieren unmöglich." (DOZIER 2001, 50) Und so kommt es auch, dass die Generalisierte Angststörung gewöhnlich im Zentrum von flankierenden Krankheiten oder Symptomen steht.

Studien haben ergeben: Die meisten Klienten suchen Ärzte nicht wegen der hier behandelten Angststörung auf, sondern wegen der genannten Sekundärphänomene.

Nicht selten sind etwa Depressionen Ausdruck von Generalisierter Angststörung. Es dauert oft Jahre, bis Betroffene auf die tatsächliche Diagnose hingewiesen werden.

Wer von Generalisierter Angststörung betroffen ist, neigt ganz augenscheinlich zur alltäglichen Schwarzmalerei, genauer gesagt, zum ultimativen Pessimismus (› *Schema Negatives hervorheben, Band 2*). Interessanterweise filtern solche Klienten vorwiegend diejenigen Reize aus der Umwelt heraus, die Sorgen-würdig erscheinen.

Führt man als Professioneller einmal ein ernsthaftes Gespräch mit dem Heranwachsenden, fällt auf, dass der Betroffene fortwährend seine Aufmerksamkeit auf negative Inhalte lenkt. Er sucht stets den „Wurm im Apfel". „Das Glas ist halb leer" – so lautet das Motto.

Menschen mit Generalisierter Angststörung sind Experten in Sachen Pessimismus, Krankheiten und Tod. Jeglicher Persönlichkeitsentwicklung ist dadurch natürlich ein Riegel vorgeschoben.

Noch zu erwähnen ist, dass die beschriebenen Wahrnehmungsverzerrungen *automatisiert* und unreflektiert ablaufen, der Klient hält sie wohl oder übel für realitätsnah. Es findet keinerlei objektive Prüfung statt. Im Grunde ist das pessimistische Weltbild aber natürlich ausschließlich *selbst* konstruiert (› *Schema*).

Der Betreffende weiß aber nicht, dass er wegen seiner eigenen Biografie und Wirklichkeitskonstruktionen die Welt so schwarzsieht. Das sollten sich Professionelle immer bewusst machen!

Natürlich können Unterhaltungen mit Menschen, die an Generalisierter Angststörung erkrankt sind, *sehr* ermüdend sein, besonders an „schlechten" Tagen. Denn der Pädagoge muss, um die komplementäre Beziehungsgestaltung erfolgreich zu praktizieren, Empathie, Kongruenz und Akzeptanz offenbaren, sonst fehlt dem Gespräch die „vertrauensvolle Basis".

Man kann sich leicht vorstellen, dass diese Angststörung besondere Auswirkungen auf die Peer-group des Klienten hat. Denn zum einen belasten Beeinträchtigte ihre Freunde mit permanenter Schwarzmalerei – häufig färbt irgendwann die negative Gemütsstimmung auf die Mitmenschen ab.

Zum anderen werden Betroffene aber auch einmal richtig liegen mit ihren Unheilsvoraussagen. Irgendwann ist es dann soweit: *etwas* passiert. Vielleicht wird jemand aus der Clique in einen Verkehrsunfall verwickelt. Sofort heißt es: „Seht ihr! Ich hab's schon immer gewusst, dass das mal passiert! Aber ihr wolltet ja nicht auf mich hören!"

Häufig ist Generalisierte Angststörung das Ergebnis einer jahrelangen Prägung durch das soziale Umfeld. Das heißt, mindestens ein Elternteil trug wahrscheinlich zur Ausprägung von nachteiligen Schemata bei (› *Schema Verlassenheit/Instabilität*).

Man muss sich auch die schwierige Situation von Kindern verdeutlichen, die mit einer überängstlichen Erziehungsperson aufwachsen. Leicht entsteht aus solchen Konstellationen eine sich selbst verstärkende Überängstlichkeit dem Leben gegenüber. „Es ist [nämlich] durchaus möglich, dass der Pessimist mit seinem durchweg negativen Ansichten den Optimismus seiner Kinder oder seines übrigen engeren Umfeldes unabsichtlich lähmt", sagt BRACONNIER (2004, 154).

Tiefenpsychologen gehen davon aus, dass bei Generalisierter Angststörung meistens auch projizierte Aggressionen eine Rolle spielen. Dies wird folgendermaßen erklärt: Betroffene erscheinen zunächst sehr schüchtern, harmlos, altruistisch („Ich mein' es doch nur gut!"), passiv und furchtsam. Doch kein Mensch charakterisiert sich demnach ausschließlich durch derartige Persönlichkeitsmerkmale. Von Aggressionen etwa ist zwar nichts zu spüren – doch sie sind da, weil sie auf einer angeborenen Disposition fußen (BUSS 2004).

Es liegt nahe anzunehmen, dass derartige Schattenseiten in die Außenwelt projiziert, also als von *außen* ausgehend erlebt werden.

Der Professionelle sollte aus den genannten Gründen auf seine eigenen Schema- und Schemamodi-Aktivierungen achten, wenn er mit Klienten zu tun hat, die Anzeichen von Generalisierter Angststörung offenbaren. Leicht wird man irgendwann „sauer"; denn die Szenarien des Betreffenden sind durchaus übertrieben. In diesem Fall bietet sich eine ressourcenaktivierende Beziehungsgestaltung an (› *Schemapädagogik, Ablauf*).

Gewalt

Gewalt ist ein Phänomen, das so alt ist wie die Menschheit selbst (BUSS 2004). Tatsächlich ist Gewalt als solches (leider) ein „typisch menschliches" Phänomen. Was wir uns selbst und anderen infolge von Aggressionen antun, ist im Vergleich zur restlichen „beseelten Natur" beispiellos.

Jeder Mensch kennt Gewalt, war entsprechend schon mehr als einmal Opfer und/oder Täter (siehe DAMM & WERNER 2011). In den Medien wird in der letzten Zeit vor allem diejenige Gewalt dargestellt, die von Jugendlichen inszeniert wird. Jugendgewalt gab es zwar auch schon immer, aber die Qualität, genauer gesagt, die Brutalität, hat zugenommen (HEISIG 2010). Was genau ist Gewalt? Woher kommt sie?

In allen Lebensbereichen kommt es zu gewalttätigen Aktionen. Bekannte, noch gemäßigte Formen von Gewalt sind: üble Nachrede, Lästern, Mobbing. Es dürfte wohl keine informelle und formelle Gruppe in unserer Gesellschaft geben, die gänzlich frei von den genannten Phänomenen ist.

Wenn man von Gewalt redet, muss auch der Begriff Aggression berücksichtigt werden. Beide Begriffe haben in der Regel einen unmittelbaren Bezug. Gewalt ohne eine Form von Aggression ist undenkbar.

Aggressive Tendenzen sind im „Menschen-" und bekanntermaßen auch im Tierreich existent. Aggression (als Verteidigungs- und Angriffspotenzial) dient in erster Linie sowohl dem Überleben des Einzelnen als auch der Gruppe, der man angehört.

Aggression ist überwiegend auf der emotionalen innerpsychischen Ebene, genauer gesagt, in den „alten" Hirnarealen verortet. Wird jemand in einer Gefahrensituation aggressiv, fährt der gesamte Körper „hoch". Stresshormone wie Cortisol werden ausgeschüttet, Adrenalin ebenso.

Auf diese Weise wird der Betreffende auf einen Kampf vorbereitet beziehungsweise auf Flucht „getrimmt". Diese Mechanismen sind angeboren und haben entsprechend einen evolutionären Hintergrund (BUSS 2004).

Aber das bis hierher Geschilderte bedeutet nun nicht, dass Menschen „von Natur" aus eben auch gewalttätig sind. Gewalt*taten* sind das Endergebnis von sozialen Lernprozessen (SIEGEL 2006).

Wie der Einzelne letztlich mit seinen Aggressionen umgeht, das ist bekanntermaßen sehr individuell und hängt maßgeblich von seiner Biografie ab. Daher kommt es, dass manche in den relevanten Frust-Momenten nach „innen" explodieren (› *Charakter, mütterlicher*), andere nach „außen" (› *Charakter, phallisch-narzisstischer*). Das heißt: ob jemand überwiegend Opfer oder Täter von Gewalt ist, das hat vor allem mit der eigenen Sozialisation zu tun.

In Hinsicht auf jugendliche Gewalttäter lässt sich feststellen: Meistens wurden erste „zufällige" Gewalttaten in der Kindheit „positiv verstärkt" (SACHSE 2004). Das heißt, vereinzelte Gewalthandlungen zogen Belohnungen nach sich (vielleicht hat man dadurch die Mitmenschen erfolgreich eingeschüchtert).

Gewalt kommt auch in so mancher intimen sozialen Beziehung vor. Überwiegend sind es die Männer, die sich hierbei „hervortun" (ROTH 2003). In der Regel geht Gewalt/Aggression in sozialen Beziehungen auf das Konto von folgenden Faktoren, die auch überwiegend in Kombination auftreten: Frustration des Selbst, Meinungsverschiedenheiten, übermäßiger Alkoholkonsum, plötzlicher Arbeitsplatzverlust, Eifersucht.

Übermäßiger Stress im Beruf wird zweifellos durch die eigentümliche Gewaltvariante „Mobbing" ausgelöst (KILB, WEIDNER & GALL 2009). Das Opfer ist in der Regel gefangen in einer Zwickmühle. Es wird gereizt, provoziert, der Alltag wird sabotiert – und der Betreffende kann nur sehr wenig dagegen tun, vor allem dann, wenn die wichtigsten Ansprechpartner mit den Tätern unter einer Decke stecken.

Wichtig ist, dass man ein soziales Netz aufbaut, das aus Gleichgesinnten und Freunden besteht. Ebenfalls sollte ein Mobbing-Tagebuch geführt werden. Dies kann man dann später zurate ziehen, wenn verschiedene Hilfs-Institutionen involviert werden.

Wie schon ausgeführt: Aggressive Tendenzen sind, wie andere emotionale Potenziale auch, angeboren. Auch die Angehörigen der sozialen Berufe sollten sich mit diesem Potenzial auseinandersetzen. Denn selbst professionelle Helfer „mit weißer Weste" (in deren Wahrnehmung) sind imstande, unbewusst ihren Frust an den Klienten abzureagieren (DAMM & WERNER 2011).

Da Aggressionen in vielen Fällen auch durch Frustration der physischen und psychischen Grundbedürfnisse erwachsen (Stichwort: Frustrations-Aggressions-Hypothese von DOLLARD), sollten professionelle Helfer in „heißen" Arbeitsfeldern emotional-korrektive Freizeitbeschäftigungen (Jogging, Kampfsport) in Erwägung ziehen, um das seelische Gleichgewicht sicherzustellen. Denn bekanntermaßen bringt der Umgang mit „schwierigen" Klienten naturgemäß so manche Frustration mit sich.

Gewalt und Gewaltbereitschaft

Gewalt – besonders unter Jugendlichen – scheint in den letzten Jahren eine neue Qualität angenommen zu haben. Nunmehr werden immer häufiger Jugendliche, aber auch Erwachsene, die bereits am Boden liegen, weiterhin verletzt, bis sie nicht mehr aufstehen (SCHMITT-KILLIAN 2010). Zwar bezieht sich das Phänomen meistens auf junge *männliche* Jugendliche, doch zunehmend holen die Mädchen „auf" (OLWEUS 2008).

Ebenfalls ist erkennbar, dass sich Jugendgewalt immer öfter auch gegen Erwachsene richtet. Die populären Fälle, die in den Medien große Beachtung finden (etwa der „Fall Brunner" in München), mögen in dieser Hinsicht als Beispiele gelten.

Zwar sank die Zahl der registrierten Straftaten von Jugendlichen in Deutschland nach der Polizeilichen Kriminalstatistik 2009. Demnach wurden „nur" noch 7,6 Prozent aller Heranwachsenden polizeilich unter der Rubrik „tatverdächtig" registriert (265.771).

Delikte, die mit Körperverletzung zu tun haben, stiegen zahlenmäßig hingegen an, und das besonders seit dem Jahr 2007, in dem ein Anstieg von 6,3 Prozent bei gefährlicher und schwerer Körperverletzung verzeichnet wurde (SCHMITT-KILLIAN 2010, 37). Die Körperverletzungen haben mit circa 25 Prozent einen recht hohen Anteil an Delikten in Hinsicht auf das allgemeine breite Straftatenspektrum.

Auf der anderen Seite ist bei den Gewaltdelikten (Körperverletzung, Sachbeschädigung usw.) tendenziell „mehr Brutalität" zu verzeichnen als früher (HEISIG 2010).

Erwähnt werden muss noch, dass die Aussagekraft der Polizeilichen Kriminalstatistik (PKS), deren aktuellen Ergebnisse oben skizziert wurden, begrenzt ist. Die Daten beinhalten lediglich Taten, die angezeigt wurden. Viele Gewaltdelikte bleiben erwiesermaßen im Verborgenen. Außerdem spielt die Variable „Anzeigebereitschaft in der Bevölkerung" eine große Rolle, sie ändert sich in Abhängigkeit zu den gesellschaftlichen Veränderungen immer wieder.

Trotz allem: Lehrerinnen und Lehrer erleben so gut wie täglich irgendeine Facette von Gewalt. Die „Spanne" reicht von Beleidigungen, Lästereien, Mobbing bis hin zu körperlichen Auseinandersetzungen beziehungsweise schweren Misshandlungen.

Und es muss bedacht werden: Die Gewaltventile haben auch durch die Neuen Medien an Vielfalt gewonnen. Begriffe wie *Cybermobbing* (Schikanieren mittels Handy oder im Internet), *Cyberbullying* (bei Kindern) und *Happy-Slapping* (Gewaltdelikte auf Handy aufnehmen und weitersenden) waren bis vor wenigen Jahren noch völlig unbekannt. Die Zeiten haben sich geändert.

Im Folgenden wird es schwerpunktmäßig um die „traditionelle" Gewalt und Gewaltbereitschaft gehen, sprich: um aggressives Verhalten, das darauf abzielt, andere psychisch und physisch zu schädigen.

Die sogenannten Schlägertypen stammen überwiegend aus sozial schwachen Schichten (SCHMITT-KILLIAN 2010). Sie sind ihren Opfern in der Regel körperlich überlegen und machen auch auf so manchen Pädagogen einen entsprechend „robusten" Ersteindruck. Der Umgang mit solchen Schülerinnen und Schülern ist in der Regel nicht einfach, besonders wenn man von so mancher Straftat *weiß*.

Sicherlich macht diese Klientel so mancher Lehrkraft zu schaffen, besonders wenn man sich in Machtkämpfe verwickeln lässt (siehe auch Kapitel 5.8). Wenn man diese Konflikte auch noch mit „nach Hause" nimmt, können nach und nach alle Voraussetzungen entstehen, die im sogenannten Burn-out gipfeln.

Das Problem „gewaltbereite Schüler" gibt es natürlich schon länger. Und die gesellschaftlichen Institutionen kümmern sich seit Jahren um das Phänomen. Mehrfachtäter haben daher meistens Anti-Aggressions-Trainings hinter sich. Jene entsprechen überwiegend der Theorie der sogenannten Konfrontativen Pädagogik (KILB, WEIDNER & GALL 2009). In solchen Trainings werden die Betreffenden zwar als Person wertgeschätzt, aber in Hinsicht auf ihr „abweichendes Verhalten" konfrontiert („80 Prozent einfühlsame, tolerante Beziehungsgestaltung, 20 Prozent Konfrontation"). Auch schemapädagogische Methoden sind hier einsetzbar.

Beispiel 1: Schemapädagogik bei Gewalt und Gewaltbereitschaft

*Serda (16) und Volkan (17) besuchen die „schlimmste BVJ-Klasse der Schule", so zumindest die Einschätzung einer überforderten Kollegin. Die beiden Türken fallen insbesondere dadurch auf, dass sie sehr viel negative Aufmerksamkeit auf sich ziehen (**eventuell Hinweis auf das Schema Anspruchshaltung/Grandiosität**). Unterricht wird dadurch so gut wie unmöglich gemacht. Disziplinarmaßnahmen waren bisher mehr oder weniger erfolglos.*

*Sie geben sich übertrieben „cool", versuchen immer mal wieder, die Lehrkräfte, die in dieser Klasse eingesetzt sind, aus dem Konzept zu bringen („Hey, Frau X, wissen Sie, was Gang bang ist?") (**Test „Lässt du dich von mir dissen?", Modus Selbsterhöher, Schikanierer- und Angreifer-Modus**) Oder aber sie spielen, wenn es ihnen zu langweilig wird, Musik laut auf ihren Handys ab (Stil: Aggro-Berlin) (**Image „Wir sind harte Jungs", Modus Selbsterhöher, eventuell Appell „Interessiere dich für unsere Musik"**)*

*Auch bei Lehrer X versuchen sie „ihr Glück". In den ersten Stunden des Schuljahres quatschen sie „heldenhaft" über Schlägereien, die sie in ihrer Freizeit provozieren (**Image „Wir sind harte Jungs", Modus Selbsterhöher, eventuell Appell „Interessiere dich bitte für uns"**). „Hey, Herr X, wissen Sie, wie viel Geld es kostet, wenn man einem Anderen vier Zähne ausschlägt?" (**Test „Können wir dich dissen"**) Er antwortet ohne ersichtliche Regung: „Nee, da kenne ich mich nicht aus." (**„charmante" Ablehnung des Tests**)*

*Noch in der ersten Stunde wurden Ethik-Themen für das laufende Schuljahr gesucht und gefunden. Auch die Themen „Gewalt", „Mobbing" und „Liebe" wurden ausgewählt – was die beiden Türken sehr erfreute (**komplementäre Beziehungsgestaltung**).*

*Der Pädagoge fragt die kommenden Wochen immer mal wieder nach, was sich „so am Wochenende" im Rückblick bei den beiden getan hat (**komplementäre Beziehungsgestaltung**). Serda meint irgendwann, sie hätten im TV eine Freefight-Kampfsportveranstaltung geschaut, bei der „harte Jungs gegeneinander angetreten sind" (**Modus Glückliches Kind**). Der Lehrer erkundigt sich nach den Regeln, Gepflogenheiten und nach den „besten Kämpfern" in dieser Sportart (**komplementäre Beziehungsgestaltung**). Die beiden erzählen begeistert (**Modus Glückliches Kind**). In dieser Stunde arbeiten die beiden zur Abwechslung mündlich mit und unterlassen ihre „Spielchen" (**Folge der komplementären Be-**

ziehungsgestaltung zu Beginn der Stunde).
Eines Tages bemerkt Herr X, dass Serda ein blaues Auge hat. „Na? Am Wochenende mal an den Falschen geraten?", sagt er humorvoll (**Konfrontation mit den Kosten der Schemamodus-Aktivierung**). Serda antwortet (sichtlich nicht darüber erfreut): „Oh, Herr X, lassen Sie mich bloß in Ruhe!" (**Aktivierung des Modus Impulsiv-undiszipliniertes Kind**) Daraufhin Herr X: „Siehst Du, so habe ich mich am Anfang des Schuljahres gefühlt, als du und Volkan aufgedreht habt." (**Versuch, den Modus des Gesunden Erwachsenen beim Schüler zu aktivieren**) Serda meint daraufhin, dass ihm dass egal sei, und außerdem würde er am nächsten Tag „krasse Rache" an demjenigen ausüben, der ihm das angetan hätte (**Modus Aggressiver Beschützer**).

Herr X bittet daraufhin Serda vor die Tür, die Klasse kümmert sich derweil um einen Gruppenarbeitsauftrag.

Unter vier Augen erklärt Herr X, dass er Serda für einen „netten Kerl" halte, mit dem Unterricht oft Spaß machen würde (**komplementäre Beziehungsgestaltung**) – und dass manchmal so ein „Aggro-Serda" hochkomme (**Einführung in die Schemamodus-Arbeit**). „Und dann ist es nicht mehr so lustig, da hast du dann so deine fünf Minuten." (**Konfrontation mit den Kosten der Schemamodus-Aktivierung**)

Die beiden reden über den „inneren Aggro-Serda", über seine Rolle, die er am Schuljahresbeginn im Unterricht, aber auch am Wochenende spielt, wenn Serda mit seinem Freund in der Stadt unterwegs ist (**Praxis der Schemamodus-Arbeit**).

Sie verfassen ein Schemamodus-Memo, das speziell auf den nächsten Tag „gemünzt" ist (siehe unten).

Dies stellt sich im Nachhinein als nicht effiziente Hilfe heraus. Serda prügelt sich wieder mit dem besagten Jungen (**Rückfall – die Auslösung des Zerstörer-/Killer-Modus konnte nicht vom Modus des Gesunden Erwachsenen verhindert werden**)

Schemapädagogische Analyse
Viele Lehrer halten Serda und Volkan für „schwierige" Schüler. Die Heranwachsenden zeigen wenig Interesse am Unterricht und offenbaren eine geringe Frustrationstoleranz. Die Schemamodi-Aktivierungen, die beide offenbaren, sabotieren

den Alltagsunterricht. Auch Lehrer X wird ausgiebig „getestet". Er hält sich aber mit seiner negativen Kritik, die insgeheim von Serda und Volkan provoziert wurde, zurück. Er tut demgegenüber genau das, womit beide nicht rechnen: Er interessiert sich für „ihre Themen". Dies zahlt sich aus: Da er auf die dahinterliegenden Bedürfnisse nach Solidarität und Anerkennung/Akzeptierung eingeht, unterlassen sie in seinem Unterricht die üblichen Manipulationen (Psychospiele).

Nach der anfänglichen komplementären Beziehungsgestaltung erlaubt sich der Lehrer eine konfrontative Intervention, als er sieht, dass Serda ein „blaues Auge" hat (leisten kann er sich das nun). Unter vier Augen wird die Schemamodus-Arbeit praktiziert. Serda kann den „inneren Aggro-Serda" kognitiv erfassen und seine Bedeutung in der einen oder anderen Alltagssituation begreifen. Nun wird das „aktuelle Problem" (Streit mit einem Gleichaltrigen) in ein Schemamodus-Memo eingearbeitet. Das Memo reicht leider nicht aus, um die Aktivierung des „inneren Aggro-Serdas" einen Tag später zu verhindern. In diesem Fall wäre eine Einführung in das Schemamodus-Modell zu Beginn des Schuljahres sinnvoller gewesen. Dann wäre eventuell der Modus des Gesunden Erwachsenen bis zum Tag X ausreichend gefördert worden.

Beispiel 2: Schemapädagogik bei Gewalt und Gewaltbereitschaft

> *Klassenlehrer X kennt Yassin (18) bereits aus der Berufsfachschule 1. Das ist zwei Jahre her. Am Anfang des aktuellen Schuljahres wurde der Beziehungsaufbau von Yassin auf verschiedene Arten sabotiert **(Grund: Rollen-Aktivierungen)**. In der ersten Stunde, als sich die Schüler vorstellten, offenbarte der junge, physisch sehr imposante Türke dem Pädagogen: „Ich boxe im Verein – willst mal probieren?" **(Modus Manipulierer, Trickser, Lügner; Test)** Lehrer X widerstand dem ersten Impuls und erwiderte: „Lass mal stecken, da hab ich gar keine Chance!" **(Verweigerung des Tests/Psychospiels)** Nach der Stunde findet ein kurzes Tür-und-Angel-Gespräch statt, in dem der Lehrer ruhig offenbart: „Yassin, lass den Kram das nächste Mal, du hättest vorhin an meiner Stelle anders reagiert!" **(Konfrontation auf der Ebene des Gesunden Erwachsenen)***
>
> *Trotz dieser Anfangsschwierigkeiten wächst die Beziehung zwischen dem Schüler und Lehrer. Der Pädagoge erkundigt sich heute immer mal wieder – zu Beginn einiger Unterrichtsstunden – über den Ausgang der aktuellen Events im Schwergewicht **(komplementäre Beziehungsgestaltung)** und motiviert Yassin daraufhin zu einem „Fachgespräch mit emotionalem Tiefgang" („Na, boxt einer der Klitschkos mal wieder?") **(komplementäre Beziehungsgestaltung mittels „Experteninterview")**.*
>
> *In der Expertenrolle fühlt sich der Türke wohl, was man schnell an Mimik und Gestik erkennt **(Rolle Glückliches Kind/Erwachsenenmodus)**.*
>
> *Im Unterricht ergeben sich keinerlei Verhaltensauffälligkeiten beziehungsweise Störungen **(Anzeichen von Beziehungskredit – der Jugendliche reißt sich zusammen)**. Die anderen Kolleginnen und Kollegen haben da weniger Glück, sie müssen sich immer wieder mit Yassin auseinandersetzen („Na, Frau X, haben Sie einen Freund?" – „Herr X – PISSEN SIE MICH NICHT AN!") **(Grund: Rollenaktivierungen)**.*
>
> *Eines Tages kommt Yassin auf Klassenlehrer X zu: „Haben Sie nach der Stunde mal Zeit, ich muss Ihnen was erzählen." **(Beziehungsangebot)** Herr X stimmt zu. Im darauffolgenden Gespräch berichtet der Heranwachsende von einer Schlägerei beim Fußballspiel am letzten Wochenende **(Beziehungsangebot, Rolle des Gesunden Erwachsenen)**. Er wäre von hinten gefoult worden und hätte daraufhin den anderen Spieler zur Rede gestellt. Der wollte ihm gleich einen Faustschlag ins Gesicht versetzen – was sich als schlechte Idee herausstellte. Yassin –*

seit Jahren im Boxverein – duckte sich automatisch und schlug den Anderen mit einem Schlag k.o. („Herr X, das war der Schlag des Jahrhunderts.") *(Rolle Glückliches Kind)*
Das hauptsächliche Problem: In zwei Wochen ist das Rückspiel zwischen den beiden Vereinen – und der Andere würde eine „Revanche" fordern. Yassin sagte, er wüsste nicht, was er jetzt tun solle *(Beziehungsangebot)*. Daraufhin regt der Pädagoge ein Rollen-Gespräch an („Manchmal kommt schon so ein Aggro-Yassin aus dir raus!"), in dem auch biografische Erfahrungen thematisiert werden („Kennen Sie meine Schülerakte?"). Vor- und Nachteile einer erneuten Auseinandersetzung werden gemeinsam abgewogen *(Förderung des Modus des Gesunden Erwachsenen)*. Yassin füllt letzten Endes ein Schemamodus-Memo aus und verspricht Herrn X, über seine Entscheidung zur entscheidenden Frage nachzudenken („Soll ich da hingehen und mich prügeln oder nicht?"). Zwei Tage vor dem Rückspiel sucht Yassin wieder das Gespräch. Er meint, er würde nicht zum Spiel gehen und die Situation aushalten, dass seine Freunde ihn nunmehr für einen „Schlappschwanz" halten würden *(Rolle des Gesunden Erwachsenen)*. Klassenlehrer X: „Ich bin sehr stolz auf Dich, Yassin!" Antwort: „Ich mach das auch für Sie!"

Schemapädagogische Analyse
Der Jugendliche hatte am Anfang des Schuljahres die Absicht, mit Lehrer X ein paar Psychospiele zu spielen. Der Pädagoge verweigerte die Tests und widmete sich dem komplementären Beziehungsaufbau. Das Thema Boxen offenbarte sich schließlich als „Türöffner". Nachdem der Jugendliche die Rolle des Experten bei „Fachgesprächen" übernahm, ebbten die Rollenaktivierungen im Unterricht ab (Hinweis auf die Entstehung von Beziehungskredit). Der außerschulische Konflikt wurde zum Thema gemacht. Ohne Beziehungskredit wäre es undenkbar gewesen, dass sich der Schüler derart geöffnet hätte. Der Pädagoge ging auf das Beziehungsangebot ein und praktizierte verschiedene schemapädagogische Interventionen, nämlich das Rollen-Gespräch und das Schemamodus-Memo. Wahrscheinlich unterstützten die Bemühungen den „Erfolg".

H

Horte

Horte sind sozialpädagogische Einrichtungen, genauer gesagt, außerschulische Institutionen, die von Kindern im Schulalter (ab sechs Jahren) besucht werden. Dort sollen sie vor allem in Hinsicht auf Selbstständigkeit und angepasstes Sozialverhalten gefördert werden (MORGENSTERN 2006, 44).

Die Heranwachsenden haben die Möglichkeit, das Angebot vor und nach der Schule in Anspruch zu nehmen, auch in den Ferien. Einmal oder mehrmals die Woche wird ein gemeinsames Programm gestaltet. Dies besteht etwa aus einer Besichtigung oder Wanderung. Angelehnt ist das gerade aktuelle „Hauptthema" in der Institution häufig an saisonale Ereignisse (Frühling, Winteranfang, Weihnachten usw.).

Die obere Altersgrenze in Hinsicht auf die Aufnahme im Hort ist nicht einheitlich geregelt, sondern länderspezifisch organisiert. Meistens liegt sie bei 14 Jahren (VOGELSBERGER 2006b, 164ff.).

Die Einrichtung hat eine sozialisierende und familienergänzende Funktion. Die Kinder nehmen ihre Mahlzeit nach der Schule im Hort ein, erledigen ihre Hausaufgaben. Sie haben darüber hinaus die Möglichkeit, an diversen Freizeitangeboten teilzunehmen; ebenso werden ihnen auch Freiräume zur individuellen Persönlichkeitsentwicklung zugestanden.

Die Anforderungen an Erzieherinnen und Erzieher, die in einem Hort beschäftigt sind, lassen sich folgendermaßen zusammenfassen (in Anlehnung an THESING et al. 2001, 59):

> Die Bedürfnisse der Zu-Erziehenden wahrnehmen (durch strukturierte Beobachtung erschließen) und konkret auf sie eingehen,
> Den Heranwachsenden soziale Lernerfahrungen und ein Gemeinschaftsgefühl vermitteln,
> Subjektive Entfaltungsmöglichkeiten ermöglichen,
> innovative Anregungen zur Freizeitgestaltung bieten,
> Beratung bei persönlichen und schulischen Fragen durchführen,
> Förderung individueller Neigungen, Begabungen und Interessen,
> Unterstützung bei der Bewältigung der Hausaufgaben und des schulischen Lernens.

Die Didaktik und Methodik im Hort sind in der Regel geprägt von Spannungen in Hinsicht auf die elterlichen Erwartungen an die Erzieherinnen.

Erfahrungsgemäß ist es den Eltern sehr wichtig, dass ihre Kinder nach der Schule ordentlich betreut, anders gesagt, „gut untergebracht" sind und bei der Erledigung der Hausaufgaben professionell unterstützt werden (VOGELSBERGER 2006b, 166).

Andererseits sind zahlreiche Kinder im Gegensatz zu ihren leiblichen Erziehern eher an einer „Schonraum-Atmosphäre" interessiert, in der sie – abseits der elterlichen und schulischen Erwartungen – auch mal „ihre Ruhe" haben können.

Entwicklungspsychologische Voraussetzungen und Aufgaben
Hortkinder bringen naturgemäß ein höheres Potenzial an kognitiven Ressourcen mit, als dies in Krippen und Kindertagesstätten der Fall ist.

Auf der anderen Seite werden erfahrungsgemäß auch schon nachteilige Rollen (Schemamodi) in stärkerer Ausprägung offenbart (› *Schemamodus/Rolle*); diese Voraussetzungen ermöglichen eine dezidierte schemapädagogische Didaktik und Methodik (siehe Beispiel unten).

Aufgrund dieser Gegebenheiten drängen sich nun mehrere schemapädagogische Möglichkeiten „von selbst" auf. Denn nunmehr sind nicht mehr nur die

Psychospiele (› *Manipulationstechnik Psychospiel, Band 2*) relevant (siehe Arbeitsfelder Krippe und Kindergarten), sondern im Hort kann die Rollen-Arbeit im vollen Umfang praktiziert werden.

Allerdings findet sie überwiegend noch auf einer didaktisch-reduzierten Ebene statt. Die Schemamodi/Rollen werden noch nicht mit inneren Persönlichkeitsanteilen der Heranwachsenden in Zusammenhang gebracht, sondern mit *Emotionen*, genauer gesagt, mit Emotions-Begriffen.

Das heißt, der Schemamodus *Impulsiv-undiszipliniertes Kind* wird nicht mit dem Etikett „Der böse Kevin" oder Ähnliches versehen, sondern etwa mit der Wahrnehmung: „Keine Lust haben".

Ein Ziel der schemapädagogischen Interventionen ist auch im Hort die Förderung der bewussten Kontrolle und Hemmung (= Modus des *Gesunden Erwachsenen*) von nachteiligen Rollen beziehungsweise von kostenintensiven Kind-Modi seitens der Kinder.

Möglich ist die gezielte Förderung des Modus des *Gesunden Erwachsenen* aller Wahrscheinlichkeit nach. Denn – im Durchschnitt – sind Kinder nach neurowissenschaftlichen Erkenntnissen etwa ab dem 6. Lebensjahr zu ersten „Vernunftleistungen" und zur willentlichen Kontrolle ihrer Emotionen und Verhaltensmotivationen fähig (ROTH 2001, 387).

Beispiel: Schemapädagogik im Hort[3]

Wenn Kevin (12) in den Hort kommt, ist er meistens sehr „aktiv". Mareike (19), die als Erzieherin in der Einrichtung tätig ist, verdreht jedes Mal aufs Neue die Augen, wenn sie ihn nur von Weitem sieht.
*Kaum betritt er die Einrichtung, schreit er erst mal ein bisschen herum und wirft seinen Schulranzen in die Ecke (**Psychospiel „Aufmerksamkeit" beziehungsweise Modus Impulsiv-undiszipliniertes Kind**). Beim gemeinsamen Mittagessen kommt er nur selten zur Ruhe. Schnell wird es ihm langweilig (**Modus Impulsiv-undiszipliniertes Kind**). Dies liegt auch daran, dass er meistens als Erster fertig ist (er schlingt alles hinunter, so schnell es nur geht). Daraufhin stört er seine Tischnachbarn mit allen nur erdenklichen Methoden (**Schikanierer- und Angreifer-Modus**).*

---

[3] Das Fallbeispiel stammt aus DAMM (2010d, 144).

Mareike muss ihn jedes Mal ermahnen und beruhigen. Seine Reaktion ist immer dieselbe: „Ich hab doch gar nix gemacht!" *(externale Kausalattribuierung)* Dieses Spiel wiederholt sich fast täglich *(Psychospiel „Aufmerksamkeit" beziehungsweise Modus Impulsiv-undiszipliniertes Kind)*. Nach dem Essen haben die Kinder eine Stunde Freizeit. Kevin ist dann immer noch sehr „munter" und tollt im Außenbereich herum. Wenn es jedoch an die Erledigung der Hausaufgaben geht, lässt seine Motivation schlagartig nach. Und wieder erfordert seine (nicht vorhandene) Aktion *(Modus Impulsiv-undiszipliniertes Kind)* eine Reaktion vonseiten der Erzieherin.

Als Kevin eines montags wieder in den Hort kommt, überrascht Mareike ihn mit: „Na, Kevin, hast du gestern Wrestling geguckt?" *(komplementäre Beziehungsgestaltung)* (Sie hatte einige Tage zuvor mitbekommen, wie Kevin von seinem „Lieblingshelden" gesprochen hat.)

Kevin ist kurz erstaunt und erzählt von der Sendung. Sie merkt, wie er „runterkommt". Der Tag verläuft ein wenig störungsfreier als sonst *(Grund: Aufbau von Beziehungskredit)*.

Nach dem Essen verlässt Kevin die Gruppe und geht in den Außenbereich. Mareike folgt ihm und beginnt wieder ein Gespräch über Wrestling *(komplementäre Beziehungsgestaltung)*.

Nach und nach verbessert sich das Verhalten von Kevin. Seinen Freunden erzählt er: „Mareike ist cool!" Die Erzieherin muss ihn nach wie vor noch oft ermahnen und beruhigen, aber es gelingt ihr immer besser. Der Grund: Kevin hört auf sie. Eines Tages füllen sie gemeinsam ein Schemamodus-Memo aus.

Schemapädagogische Analyse

Die Erzieherin hat sich von den Verhaltensauffälligkeiten, die Kevin offenbarte, nicht aus dem Konzept bringen lassen (sie entsprechen den Modi Impulsivundiszipliniertes Kind und Angreifer- und Schikanierer-Modus).

Es gelang ihr, Beziehungskredit aufzubauen, indem sie sich auf seine Lebenswelt einließ (Wrestling). Alleine durch diese Maßnahmen hatten ihre Erziehungsmittel mehr Effizienz.

Doch diese Vorgehensweisen entsprechen vor dem Hintergrund der Schemapädagogik strenggenommen noch nicht den Fördermaßnahmen. Denn man kann davon ausgehen, dass der Heranwachsende zwar zukünftig sein Verhalten ändert,

wenn seine Bezugs-Erzieherin in der Nähe ist – doch andere Lebensbereiche bleiben hiervon unbeeindruckt.
Das heißt, abseits des Horts kommt es sicherlich dessen ungeachtet – wie immer – zu den bekannten Schemamodi-Aktivierungen.
Daher führen Schemapädagogen den Zu-Erziehenden irgendwann in das Schemamodus-Modell ein. Mareike hat dies getan und mit Kevin gemeinsam ein Schemamodus-Memo ausgefüllt. Mit diesem wird in Zukunft weiter gearbeitet.

K

Kindergarten

Die populärste Tageseinrichtungsinstitution für Kinder ist der Kindergarten (THESING et al. 2001, 22f.; vergleiche auch DAMM 2010d). Kindergärten sind familienergänzende und gleichzeitig auch familienunterstützende Einrichtungen. Kinder von drei bis sechs Jahren (bis zum Schuleintritt) werden gebildet, erzogen und betreut. Viele Kindergärten nehmen aber auch schon Heranwachsende im Alter von zwei Jahren auf.

Einige Worte zur Historie. Der Bereich der Kindertagesbetreuung wurde 1990 mit Verabschiedung des Kinder- und Jugendhilfegesetzes auf Bundesebene einheitlich geregelt (§§ 22–26) (TEXTOR 2006). Dies führte unter anderem dazu, dass die Bundesländer Bildungs- und Erziehungspläne inklusive verschiedener Ziele und Inhalte entwickelten. Ziel war die Festlegung gemeinsamer Standards.

In den letzten beiden Jahrzehnten kam es durch die strukturellen Veränderungen auch zu konzeptionellen Veränderungen in der Elementarpädagogik (VOGELSBERGER 2002, 48).

Es gibt, und das wissen die meisten Angehörigen der sozialen Berufe, bekanntlich verschiedene Konzepte in der hier thematisierten Einrichtung, manche sind populärer, werden infolgedessen häufiger angewendet, andere weniger. Doch man ist dahingehend gewissermaßen der Tradition verpflichtet.

Der „Geist" der pädagogischen Klassiker (FRÖBEL, MONTESSORI und Co.)

ist in so gut wie allen Kindertagesstätten spürbar, wenn auch unterschiedliche didaktisch-methodische Gewichtungen vorliegen.

Sehr weit verbreitet – und deshalb wird insbesondere darauf hingewiesen – ist der sogenannte *Situationsansatz*. Er impliziert viele klassische Elemente der Pädagogik. Im Rahmen des Situationsansatzes wird – verkürzt gesagt – auf die aktuelle Lebenssituation und die konkreten(!) Bedürfnisse der Heranwachsenden gezielt eingegangen.

Denn fest steht: Von selbst bringen die Kinder relevante Angelegenheiten/Interessen in den pädagogischen Alltag mit ein, die sie selbst betreffen, eben interessieren. Entsprechende „Situationen" (etwa: „Wieso fallen denn da draußen die Blätter vom Baum?"; „Was ist Fasching?") werden von Erziehern bemerkt und bewusst aufgegriffen. Hieraus können etwa auch Projekte für die Kinder konstruiert werden.

Ganz konkret gesagt: Im Kindergartenalltag interessieren sich zum Beispiel Zu-Erziehende „plötzlich" für eine bestimmte Angelegenheit/eine spezielle Fragestellung. Thematisiert werden solche Situationen dann in der Regel in einem Stuhlkreis, in dem über den Gegenstand diskutiert und abgestimmt wird. Es geht auch um die Frage, wie ein Thema, für das sich die Kinder interessieren, angegangen und fortgeführt werden kann (THESING et al. 2001, 23).

Die Kinder sollen daraufhin Kompetenzen erwerben, mit denen sie ebendiese „Schlüsselsituation" weitgehend selbst bewältigen können. Bei der Planung von Angeboten und Projekten etwa, die sich aus den Schlüsselsituationen ergeben, werden die Zu-Erziehenden entsprechend aktiv beteiligt.

Entwicklungspsychologische Voraussetzungen und Aufgaben
Im Kindergartenalter ist das Gehirn immer im Wachstum. Die „Feinverdrahtung" der Nervenzellen ist weiter im Gang, das heißt, das Kind befindet sich in einer sehr sensiblen Phase (JASZUS et al. 2008, 303).

Nunmehr, etwa ab dem vierten Lebensjahr, gelingt auch die Kommunikation zwischen den beiden Gehirnhälften, das heißt, zwischen der linken („rationalen") und rechten („emotionalen") (NEUMANN, NIEDERWESTBERG & WENNING 2008, 144). Dies hat zur Folge, dass die Emotionsregulation eine neue Qualität erreicht. Unterstützt wird diese Kompetenz bestenfalls durch die Erzieherin.

Der Erwerb dieser Fähigkeit drückt sich auch in dem bemerkenswerten Befund aus, dass Kinder am Ende der Kindergartenzeit bereits komplexe Emotionswörter wie „nervös", „eifersüchtig", „empört" verwenden können (FRANK 2008, 26f.). Die Heranwachsenden können diese Begriffe auch bestimmten Situationen, die sie erleben, zuordnen.

Zwischen zwei und fünf Jahren erwerben Kinder insbesondere solche innerpsychischen Strategien, die die Emotionsregulation geradezu professionalisieren. Interessanterweise sind sie in dieser Phase auch fähig, eine emotionsauslösende Situation zu *manipulieren* (ebenda, 28), und zwar in der Art, dass eigene Interessen/Bedürfnisse nunmehr durchgesetzt werden können. Mit sechs Jahren können Zu-Erziehende Emotionen sogar bewusst vortäuschen.

Daher werden in Hinsicht auf die schemapädagogischen Möglichkeiten im Arbeitsfeld Kindergarten nunmehr Psychospiele (› *Manipulationstechnik Psychospiel, Band 2*) und Tests (› *Manipulationstechnik Test, Band 2*) registriert und gemeinsam mit dem Betreffenden analysiert. Daneben ist nach wie vor – wie auch im Arbeitsfeld Krippe – eine komplementäre Beziehungsgestaltung sehr relevant.

Gelingt es der pädagogischen Fachkraft, die Psychospiele und Tests des Zu-Erziehenden mittels verschiedener Interventionen (etwa gemeinsames Reflektieren) abzuschwächen, so kann dieser Erfolg aufseiten des Heranwachsenden lange Zeit nachwirken.

Schließlich ist das Gehirn, wie oben schon erwähnt, noch sehr plastisch und damit „offen" für Veränderungen in Hinsicht auf die Persönlichkeitsentwicklung und Selbsterkenntnis.

Es geht, zusammenfassend gesagt, vor allem darum, Heranwachsenden Alternativen zu den Psychospielen und Tests aufzuzeigen. Denn diese Vorgehensweisen entsprechen, darauf wurde schon hingewiesen, nachteiligen Kommunikationsmustern, die sich leicht verfestigen und so auch zukünftige Beziehungen negativ beeinträchtigen können.

Schemapädagogik im Kindergarten[4]

*Der kleine Aaron (5) ist in seiner Gruppe ein Außenseiter **(eventuell: entstehendes Schema Soziale Isolation)**. Sein einziger (gleichaltriger) Spielkamerad Marcel spielt ebenfalls die Außenseiterrolle **(eventuell: Erduldung des Schemas Soziale Isolation)**. Es kommt vor, dass andere Kinder ihnen übel mitspielen, sie triezen **(Schikanierer- und Angreifer-Modus)**. Sie wehren sich nicht und begeben sich dadurch in die Opferrolle **(Unterordnender Modus)**.*

*Beim morgendlichen Stuhlkreis sind sie still **(möglicherweise: Erduldung des Schemas Soziale Isolation)**, und die Erzieherin kann sie nur sehr schwer dazu motivieren, sich verbal zu beteiligen.*

*Sandra (23) ist Erzieherin (im Anerkennungsjahr) in der Einrichtung. Sie hat ein Auge auf Aaron geworfen. Als sie ihn eines Tages alleine im Außenbereich spielen sieht, geht sie auf ihn zu und spricht ihn an: „Oh, du baust ja einen Turm." **(komplementäre Beziehungsgestaltung)** Er schaut unter sich und vermeidet Blickkontakt **(Unterordnender Modus)**. Auf ihre weiteren Kontaktversuche antwortet er automatisch: „Ja", „Ja", Ja" **(vielleicht Psychospiel)**. Sie lässt ihn in Ruhe **(komplementäre Beziehungsgestaltung)**.*

*Am nächsten Tag spielt Sandra mit einer Kleingruppe im Außenbereich. Auch Aaron und Marcel sind mit dabei. Sie hat sich vorab eine Intervention überlegt, um die beiden wortkargen Jungen aus der Reserve zu locken. Sie lässt die beiden um die Gruppe – im Kreis – wetzen. Nach der siebten Runde hat Aaron Marcel eingeholt und „gefangen" **(Förderung des Modus Glückliches Kind)**.*

*Sandra drückt verbal und nonverbal Anerkennung aus **(komplementäre Beziehungsgestaltung)**.*

Schemapädagogische Analyse

Im Kindergartenalter hinterlassen pädagogische Interventionen sehr schnell „neuronale Fußabdrücke". Das Gehirn befindet sich noch immer im „Rohbau". Ein sich abzeichnendes Schema kann verändert, aufgelöst werden. Aaron offenbart Anzeichen des Schemas Soziale Isolation. Er nimmt nicht gerne an Gruppenaktivitäten teil und hält sich auch sonst zurück. Die anfängliche Weigerung, auf die Gesprächsangebote von Sandra einzugehen, ist eventuell eine Verhaltensweise, die

---

[4] Das Beispiel stammt aus DAMM (2010d, 127).

> *vom familiären Umfeld verstärkt wurde. Sandra nutzt die Möglichkeiten, die das Arbeitsfeld Kindergarten offenbart. Sie fördert sowohl den Modus Glückliches Kind (Aaron hat Erfolg beim Spiel in der Kleingruppe) als auch den Modus des Gesunden Erwachsenen (er „erkennt" infolge des Spiels, dass er etwas „kann").*
>
> *In Zukunft wird es nun darauf ankommen, seitens des Heranwachsenden auch des Öfteren den Modus Ärgerliches (beziehungsweise Wütendes) Kind zu aktivieren. Das heißt, er sollte auch seine Emotionen, auch die negativen, ausdrücken können, ansonsten unterdrückt er sie offensichtlich (ein möglicher Grund ist eine familiär verursachte Etablierung des Unterordnenden Modus). Eine entsprechende Auslösung ist möglich vor allem in Rollen- und Schattenspielen, aber auch in Theaterstücken.*

Kinder- und Jugendarbeit, offene

Offene Kinder- und Jugendarbeit hat eine lange Tradition (vergleiche DAMM 2010d). Diese Pädagogik will in einem „offenen" Setting unter anderem seitens der Heranwachsenden Bildungs- und Entwicklungsprozesse anregen (VOGELSBERGER 2002, 106).

Offene Kinder- und Jugendarbeit ist stets „Zeitgeist" orientiert. – Infolge der aktuellen gesellschaftlichen Entwicklungen sind immer mehr Kinder und Jugendliche auf außerfamiliäre Unterstützung und Integration angewiesen.

Entsprechende Freizeitangebote werden vom sozialpädagogischen Fachpersonal, das in der Offenen Kinder- und Jugendarbeit eingesetzt ist, organisiert und betreut. Verschiedene Arbeitsschwerpunkte dieser Pädagogik sind im KJGH (§ 7ff.) festgelegt. Gewöhnlich sind die relevanten Einrichtungen, zum Beispiel Spielplätze, Kinder- und Jugendzentren beziehungsweise Stadtteiltreffs, täglich oder mehrmals wöchentlich geöffnet.

Sehr bekannt sind in Hinsicht auf die Kinderarbeit die sogenannten Spielstuben oder (eine mobile Form) Spielmobile. Zur Offenen Jugendarbeit andererseits gehören unter anderem folgende Formen: außerschulische Jugendbildung, Jugendarbeit in Spiel, Sport und Geselligkeit, Kinder- und Jugenderholung, Jugendberatung. Offene Jugendarbeit ist auf institutioneller Ebene verortet in Häusern der offenen Tür, Jugendclubs, -zentren und Jugendhäusern.

Gestaltungsmerkmale sollten nach DEINET & STURZENHECKER (2005) sein:

- Beziehungsarbeit,
- Projektmanagement,
- Jungen- und Mädchenarbeit,
- Ziel- und problembezogene Angebote.

Als Prinzipien dieser Pädagogik gelten (nach JASZUS et al. 2008, 611) unter anderem:

- Niedrigschwelligkeit,
- Freiwilligkeit,
- Partizipation,
- Sozialraumorientierung.

Jugendzentren zum Beispiel, ein Angebot für Kinder und Jugendliche im ländlichen und kommunalen Bereich, werden von Städten, Kirchen oder Vereinen unterhalten (MORGENSTERN 2006, 54).

Die Niedrigschwelligkeit steht meistens im Vordergrund: Ohne Terminvereinbarung oder Absprache können Kinder und Jugendliche die entsprechenden Räumlichkeiten betreten. Meistens handelt es sich dabei um Club- und Werkräume. In diesen können persönliche Interessen oder Hobbys ausgelebt werden.

Die Heranwachsenden können auch an Kursen teilnehmen, die ein- oder mehrmals in der Woche stattfinden, auch am Wochenende.

In der Regel sind in Jugendzentren Sozialarbeiter beschäftigt. Da aber, wie erwähnt, auch Kinder zur Zielgruppe der Einrichtung gehören, arbeiten auch Sozialassistenten und Erzieher im Jugendzentrum.

Entwicklungspsychologische Voraussetzungen und Aufgaben
Die entwicklungspsychologischen Voraussetzungen der Kinder und Jugendlichen sind sehr unterschiedlich. Die Klientel orientiert sich an den Rahmenbedingungen der jeweiligen Institution.

Im folgenden Beispiel geht es um die (offene) Arbeit mit Jugendlichen.

Beispiel: Schemapädagogik in der Offenen Kinder- und Jugendarbeit[5]

Martin (23) absolviert ein achtwöchiges Praktikum in einem Jugendzentrum. Die erste Woche nutzt er, um sich zu orientieren und um erste Kontakte zu den Jugendlichen aufzubauen. Die Klientel, die ab circa 16.30 Uhr das Zentrum frequentiert, besteht aus mehreren Nationen.

Martin entschließt sich dazu, ab der zweiten Woche ein Rap-Projekt anzubieten **(komplementäre Beziehungsgestaltung).** *Eine Gruppe junger Türken, insgesamt sechs, findet sich zum ersten Termin ein. Martin begrüßt sie freundlich und weist sie in die technischen Geräte ein, die zur Verfügung stehen* **(allgemeine Beziehungsgestaltung nach den Kriterien der humanistischen Psychologie: Empathie, Kongruenz, Akzeptanz).**

Während der Einführung macht Hassan (16) zwei gehässige Bemerkungen über Martin, wobei er kein Geheimnis daraus macht **(Test beziehungsweise Beginn eines Psychospiels).**

Der angehende Erzieher übergeht die Sprüche und fährt unbeeindruckt fort **(erfolgreiche Verweigerung des Psychospiels „Den Erzieher provozieren").** *Gegen Ende der ersten Veranstaltung lässt er die Jugendlichen ein bisschen „jammen".* **(komplementäre Beziehungsgestaltung)** *(Sie hatten CDs mit verschiedenen Samples mitgebracht.)*

Zur nächsten Veranstaltung bringt er ein Bushido-Poster mit – er hat eine Woche vorher mitbekommen, wie die Jugendlichen über ihn sprachen – und auch einige ausgedruckte Texte **(komplementäre Beziehungsgestaltung).**

Sie unterhalten sich über den Berliner Rapper. Die Jugendlichen sind überrascht, dass Martin so viel Detailwissen über Bushido hat **(komplementäre Beziehungsgestaltung).** *Der angehende Erzieher nutzt die gute Stimmung und verwickelt die Gruppe in ein Gespräch, in dem sie Auskunft geben über ihre Wochenend-Aktivitäten* **(komplementäre Beziehungsgestaltung).** *Eine davon heißt: „Nazis klatschen". Martin hört sich unbeeindruckt einige Erlebnisse an, die die Jugendlichen voller Stolz erzählen. Er hält sich mit Kritik zurück* **(komplementäre Beziehungsgestaltung).**

---

[5] Das Beispiel stammt aus DAMM (2010d, 170).

Beim nächsten Termin fragt Hassan, ob sie gemeinsam eine Bewerbung für ihn verfassen könnten, er würde sich für eine Ausbildung zum Lager-Logistiker interessieren *(Anzeichen eines entstehenden Beziehungskredits)*. Martin hilft ihm schließlich bei der Erstellung der Bewerbung *(komplementäre Beziehungsgestaltung)*. Es spricht sich in der Gruppe herum, dass Martin „ein korrekter Typ" ist. Die Beziehung verbessert sich *(Aufbau von Beziehungskredit)*.

Nach dem finalen Treffen – in der letzten Woche des Praktikums – versammelt sich die Clique noch einmal im Gruppenraum. Martin hat einige Vorbereitungen getroffen.

„So", sagt Martin, „heute Abend ist, wie allgemein bekannt, unser letzter gemeinsamer. Lasst uns heute mal über die anderen Personen sprechen, die so in uns schlummern." Die Jugendlichen sind verwirrt.

Um die Gruppe für das Thema zu sensibilisieren, hängt er ein vorbereitetes Plakat an die Wand. Auf diesem Plakat aufgezeichnet ist ein Oberkörper inklusive Kopf. „So, das da bin ich", erklärt er. „Und manchmal", er zeichnet eine kleine (eindeutige) Figur in seinen Oberkörper, „kommt der Aggro-Martin in mir raus. Dann muss ich meinen Sandsack zu Hause mit den Fäusten bearbeiten. Danach ist der Aggro-Martin wieder weg."

Daraufhin verteilt er an die Gruppe Plakate und Stifte. „Jetzt lasst mal sehen, wer in Euch so manchmal sein Unwesen treibt." Die Jugendlichen beginnen zu zeichnen *(Praxis der Schemamodus-Arbeit)*. Dabei erzählen sie wieder von den Wochenenden, an denen sie „Nazis klatschen" *(Anzeichen von Beziehungskredit)*. Der angehende Erzieher und die Jugendlichen tauschen sich aus *(komplementäre Beziehungsgestaltung)*.

Jetzt kann Martin den Zusammenhang zwischen bestimmten kostenintensiven Schemamodi der Heranwachsenden und ihrem „Hobby" herstellen. „Vor-" und Nachteile dieser Freizeitbeschäftigung werden erörtert.

Schemapädagogische Analyse

Martin hat sich von den anfänglichen Provokationen von Hassan nicht von seiner Linie abbringen lassen. Die ersten Tests umging er durch Nichtbeachtung. Er verwirklichte eine komplementäre Beziehungsgestaltung und baute dadurch Beziehungskredit auf. In einer sehr relevanten Situation – Hassan bat ihn um Mithilfe bei der Bewerbung – wiederstand er jeglichen „Racheambitionen" und unterstütz-

> te ihn. Dies trug wiederum zum Aufbau von Beziehungskredit bei. Irgendwann war die Beziehung zwischen Erzieher und Gruppe so stabil, dass mit der Arbeit an den Schemamodi begonnen werden konnte. Zuvor öffneten sich die Jugendlichen und fanden in Martin einen interessierten Gesprächspartner, der ihre Anliegen verstand. Nunmehr kann er es sich leisten, konfrontative Interventionen zu praktizieren. Zu Beginn der Zusammenarbeit beziehungsweise ohne Beziehungskredit wäre dies nicht möglich gewesen.

Kinder- und Jugendpsychiatrie

In Einrichtungen der Kinder- und Jugendpsychiatrie kümmern sich die Fachkräfte allgemein um „verhaltensauffällige" Heranwachsende, genauer gesagt, um verschiedene psychische Störungsbilder (vergleiche DAMM 2010d). In der Regel haben die Heranwachsenden schwerwiegende soziale Belastungssituationen aller Art erlebt beziehungsweise erleben sie aktuell immer noch (ROSNER 2006). Unterschieden wird zwischen ambulanten, teilstationären und stationären Angeboten.

Die Anzahl der Kinder und Jugendlichen, die unter psychischen beziehungsweise psychosomatischen Störungen leiden, nimmt im Durchschnitt jedes Jahr zu: Man kann von etwa einer Million Klienten ausgehen (HANSEN 2006).

Die Kinder- und Jugendpsychiatrie sucht Wege und Methoden, ganz allgemein gesagt, um psychisches, physisches und soziales Leiden zu vermindern. Dies wird auf verschiedenen Wegen angestrebt. Es kommt natürlich stets auf die therapeutischen Grundlagen der jeweiligen Institution an.

Im stationären Setting wird in der Regel mit den Klienten integrativ gearbeitet. Das heißt, die Verhaltensauffälligkeiten werden von verschiedenen therapeutischen Ansätzen her angegangen (PAUSEWANG 1994, 36f.).

Betreut werden die Klienten von unterschiedlichen Berufsgruppen, etwa von Psychologen, Sozialarbeitern, Ärzten, Psychiatern, Lehrern, Krankengymnasten und Motopädagogen.

Häufig werden folgende Diagnosen bei den Klienten festgestellt (THESING et al. 2001, 187):

- Störungen des Sozialverhaltens (etwa aggressive oder sehr zurückgezogene Kinder),
- Anpassungsstörungen (zum Beispiel bei Trennung der Eltern),
- psychosomatische Auffälligkeiten,
- suizidale Krisen,
- Essstörungen
- hyperkinetische Störungen und ADS,
- Suchtprobleme,
- Delinquenz,
- Persönlichkeitsstörungen,
- Missbrauch,
- Tics,
- Entwicklungsstörungen.

In diesem Arbeitsfeld wird das Fachpersonal aufgrund der Biografie und den daraus resultierenden innerpsychischen Mustern der Klienten psychisch stark beansprucht.

Erzieher ergänzen die medizinische und psychotherapeutische Behandlung. Die Schwerpunkte pädagogischen Handelns liegen

- (a) im Freizeitbereich (Gruppenarbeit und Einzelfallhilfe),
- (b) in der Organisation nachsorgender Maßnahmen (etwa Unterbringung in einer sozialpädagogischen Einrichtung) und
- (c) in der Elternarbeit (VOGELSBERGER 2002, 145).

Darüber hinaus gestalten Erzieher auch den Alltag mit: Tagesanfang, gemeinsames Frühstück, Beschäftigung am Morgen/schulischer Unterricht usw. (THESING et al. 2001, 190f.).

Entwicklungspsychologische Voraussetzungen und Aufgaben

Gerade Heranwachsende, die angewiesen sind auf stationäre beziehungsweise teilstationäre Hilfen, zeigen erfahrungsgemäß zahlreiche maladaptive Schemata und Schemamodi, und zwar in extremer Ausprägung – jeweils in Anlehnung an die Verhaltensauffälligkeiten. Schnell kann es zur Auslösung von „bekannten"

Mustern und Situationen kommen. Entsprechend ausgeprägt sind die eklatanten Schwächen im Bereich Emotionskontrolle. Leicht führt dies zu affektivgeführten Konflikten. Hinzu kommen, insbesondere im stationären Setting, sogenannte Heimwehreaktionen (GRÜNEBERG & HAUSER 1995). Kinder und Jugendliche sind in diesem Arbeitsfeld in der Regel von ihrer Familie getrennt. Die dadurch ausgelösten Emotionen werden von Erziehern bewusst fokussiert und „aufgefangen".

Dies dient vor allem in der Anfangsphase dazu, den Heranwachsenden in die Gepflogenheiten der Institution zu integrieren. Doch erfahrungsgemäß haben solche Bemühungen ihre Grenzen. Ein Grund sind die zahlreichen irrationalen innerpsychischen Muster, die die Klienten offenbaren. ARNTZ & VAN GENDEREN (2010, 9f.) haben entsprechend die Beziehung zwischen DSM-IV-Persönlichkeitsstörungen und Schemata (› *Schema*) beschrieben:

Persönlichkeitsstörungen und beteiligte Schemata

Persönlichkeitsstörung	Schemata
Paranoid	Misstrauen/Missbrauch
	Emotionale Vernachlässigung
	Soziale Isolation
Schizoid	Soziale Isolation
Schizotyp	Misstrauen/Missbrauch
	Soziale Isolation
	Verletzbarkeit
Antisozial	Verlassenheit/Instabilität
	Misstrauen/Missbrauch
	Emotionale Vernachlässigung
	Anspruchshaltung/Grandiosität
	Unzureichende Selbstkontrolle/Selbstdisziplin
Borderline	Verlassenheit/Instabilität
	Misstrauen/Missbrauch
	Emotionale Vernachlässigung
	Abhängigkeit/Inkompetenz

	Verletzbarkeit
	Unzureichende Selbstkontrolle/ Selbstdisziplin
	Unterwerfung
	Emotionale Gehemmtheit
	Bestrafungsneigung
Histrionisch	Verlassenheit/Instabilität
	Emotionale Vernachlässigung
	Anspruchshaltung/Grandiosität
	Unzureichende Selbstkontrolle/ Selbstdisziplin
Narzisstisch	Anspruchshaltung/Grandiosität
	Unzureichende Selbstkontrolle/ Selbstdisziplin
	Unzulänglichkeit/Scham
Vermeidend	Soziale Isolation
	Unzulänglichkeit/Scham
	Erfolglosigkeit/Versagen
	Unterwerfung
Abhängig	Abhängigkeit/Inkompetenz
	Verlassenheit/Instabilität
	Unzulänglichkeit/Scham
	Unterwerfung
Obsessiv-zwanghaft	Überhöhte Standards
	Erfolglosigkeit/Versagen
Passiv-aggressiv	Erfolglosigkeit/Versagen
	Misstrauen/Missbrauch
Depressiv	Misstrauen/Missbrauch
	Unzulänglichkeit/Scham
	Soziale Isolation
	Verletzbarkeit
	Erfolglosigkeit/Versagen
	Unterwerfung

Natürlich ist klar: Auch andere diagnostizierte Verhaltensauffälligkeiten gehen mit nachteiligen innerpsychischen Mustern einher.

Im Falle einer Aktivierung von innerpsychischen Stressmustern kommt es bekanntermaßen zu Interaktionsstörungen. Die „hohe Dichte" an maladaptiven Schemata und Schemamodi seitens der Klienten erfordert von der pädagogischen Fachkraft ein Höchstmaß an Aufmerksamkeit und Emotionsregulation.

Sie muss darüber hinaus über einen stark ausgeprägten *Erwachsenen-Modus* verfügen.

Beispiel: Schemapädagogik in der Kinder- und Jugendpsychiatrie[6]

Melissa (20) absolviert ihr Berufspraktikum auf eigenen Wunsch in einer Klinik (Kinder- und Jugendpsychiatrie). Sie arbeitet auf einer Station mit dem Schwerpunkt Borderline-Persönlichkeitsstörung.

In den ersten Wochen wird sie in das Stationskonzept eingeführt. Ihr Ansprechpartner in allen Fragen, Herr K. (Sozialarbeiter), empfiehlt ihr zwei Bücher zum Thema Borderline-Persönlichkeitsstörung, die sie interessiert liest.

Melissa übernimmt die Organisation einer Freizeitaktivität: Basketball. Von den 30 Klientinnen, die in ihrer Station untergebracht sind, nimmt meistens etwa die Hälfte das Angebot wahr, das dreimal in der Woche stattfindet.

*Regelmäßig dabei ist Mandy (18). Zu ihr hat sie einen losen Kontakt aufgebaut. Während des Basketball-Trainings offenbart Mandy starke Stimmungsschwankungen. Verliert etwa die Mannschaft, in der sie spielt, flippt sie des Öfteren von jetzt auf gleich aus (**Ärgerliches beziehungsweise Wütendes Kind**) („So ein Scheiß! Scheiß Schiri!") (**Schikanierer- und Angreifer-Modus**). Der Schiedsrichter ist Melissa.*

*Eines Tages reicht Melissa in der Umkleidekabine Mandy ein Handtuch, wobei sie sie aus Versehen flüchtig am Arm berührt. Mandy schreit auf: „Komm mir nicht zu nahe! Du hast sie wohl nicht alle!" (**Aggressiver Beschützer**) Das eine ums andere Mal kann Mandy die Schnittwunden an den Armen nicht verbergen (**Innere Bestrafer – nach innen wirkend**). Sie schämt sich sehr dafür.*

*Wenn sich die beiden unterhalten, kommt Melissa manchmal auf ihre Zeit „da draußen" zu sprechen (**Anzeichen eines bestehenden Beziehungskredits**).*

---

[6] Das Fallbeispiel stammt aus DAMM (2010d, 183).

„Ich hatte viele Freunde", sagt Mandy oft. „Die meisten davon waren Knastis – und sind es wahrscheinlich heute immer noch!" *(Erduldung des Schemas Misstrauen/Missbrauch)* Nachdem sich Mandy ihrer Bezugserzieherin sehr persönlich offenbart hat, fängt sie meistens an zu weinen *(Verletzbares Kind)*. Melissa nimmt sie dann in den Arm und tröstet sie *(Prinzip der Nachbeelterung)*. An den darauffolgenden Tagen kommt es zu abwehrenden Reaktionen. Mandy wirft Melissa in vielerlei Variationen an den Kopf: „Du hörst mir doch nur zu, weil du mich verarschen willst!" *(Aggressiver Beschützer)*
Melissa bleibt trotz der widersprüchlichen Verhaltensweisen von Mandy ruhig und versucht, ihre „gut gemeinte" Grundeinstellung zu kommunizieren *(Modus des Gesunden Erwachsenden)*. In einem „guten Moment" füllen die beiden ein Schemamodus-Memo aus.

Schemapädagogische Analyse
Melissa hat sich durch das Schemamodus-Switchen (schnell wechselnde Aktivierung von Teil-Persönlichkeiten) von Mandy nicht beeindrucken lassen und entsprechend inneren Abstand hergestellt. In einem Moment, in der aufseiten der Klienten der Modus des Verletzbaren Kindes aktiviert war, hat sie richtig gehandelt, das heißt, sie hat das Prinzip der Nachbeelterung praktiziert. Positiv hervorzuheben ist auch, dass die Erzieherin jegliche Gegenübertragungsreaktionen (= maladaptive Schemamodi-Aktivierungen) bewusst unterbunden hat und im Modus des Gesunden Erwachsenen blieb, auch in emotional bedeutsamen Situationen. Fazit: Die Erzieherin unterstützt kompetent das Ärzte- und Therapeuten-Team und leistet dadurch einen großen Beitrag zur therapeutischen Arbeit mit der Klientin.

Klärungsorientierte Psychotherapie (KOP)

Der Bochumer Psychotherapeut RAINER SACHSE entwickelte die Klärungsorientierte Psychotherapie (1992; 2003). Zunächst an der klassischen Gesprächspsychotherapie angelehnt, wurde sie später weiter modifiziert.

Sie vereinigt nunmehr in sich Aspekte der sogenannten *Zielorientierten Gesprächspsychotherapie* (SACHSE 1996), *process-experiental psychotherapy* (GREENBERG 2004, GREENBERG et al. 2003), und sie wird ergänzt durch kognitiv-behaviorale Methoden.

Im Unterschied zur Vorgehensweise in der (nicht-direktiven) Gesprächspsychotherapie übernimmt der Therapeut die Verantwortung für den Prozess. Klärungsorientierte Psychotherapie ist im hohen Maß prozessorientiert aufgebaut (und nicht non-direktiv).

Es gelten nach SACHSE et al. (2009) hohe Anforderungen an den Therapeuten: er soll Experte für Beziehungsgestaltung, für Klärung und letztlich für Umstrukturierung von Schemata sein.

Klärungsorientierte Psychotherapie ist kein rein kognitives Verfahren, sondern – wie auch die Schematherapie – ein integratives. Hier wird vor allem dem motivationspsychologischen Befund Rechnung getragen, dass es, verkürzt gesagt, zwei innerpsychische Motivationssysteme gibt, die in der Therapie berücksichtigt werden müssen:

> (a) ein *explizites* (dem Klienten bewusst) und
> (b) ein *implizites* (dem Klienten nicht bewusst).

In diesem Ansatz versteht man entsprechend auch Schemata als Muster mit kognitiven *und* affektiven Anteilen; sie laufen automatisiert ab und steuern das Verhalten.

Die Schema-Aktivierungen und die damit verbundenen kostenintensiven Auswirkungen sind dem Betreffenden nicht präsent, weil dysfunktionale Schemata vor allem im impliziten Gedächtnis verortet sind (SACHSE 2003).

Theoretische Fundierungen dieses Ansatzes sind unter anderem die Bindungstheorie, Transaktionsanalyse, selbstverständlich das Schema-Modell und, wie schon angedeutet, die Motivationspsychologie.

Zur Anwendung kommt das Konzept vor allem bei Persönlichkeitsstörungen, Angststörungen, Depression, Abhängigkeitserkrankungen und psychosomatischen Störungen.

Wie auch in der Kognitiven Therapie und Schematherapie der Fall, so wird auch im Rahmen der Klärungsorientierten Psychotherapie davon ausgegangen, dass dysfunktionale Schemata persönliche und soziale Probleme verursachen.

Diese Schemata werden von Klienten nicht objektiv wahrgenommen, da bereits die Wahrnehmung schemaspezifisch eingefärbt sein kann. Von sich aus, so die therapeutische Erfahrung, führen Klienten selbst so gut wie keine Klärungsprozesse aus.

Die Ziele der Klärungsorientierten Psychotherapie können wie folgt benannt werden:

> Dysfunktionale Schemata werden gemeinsam mit dem Klienten repräsentiert, aktiviert und – affektiv und kognitiv – geklärt,
> Umstrukturierung der Schemata auf den entsprechenden Ebenen,
> Reduktion der *Alienation* (Entfremdung vom eigenen Motivsystem),
> Beseitigung von internalen (innerpsychischen) Konflikten,
> Konflikte zwischen Motiven und Schemata bewusstmachen und auflösen,
> dem Klienten dazu verhelfen, dass er ein Leben führen kann, das im Einklang mit seinen Motiven steht, da dies eine höhere Lebensqualität nach sich zieht.

Großen Wert legt man auf die gefühlsspezifische Schemabearbeitung, was in der Kognitiven Therapie gewöhnlich vernachlässigt wird. Gerade Schemata mit hohen affektiven Anteilen beinhalten überwiegend abgespeicherte biografische Situationen, die mit starken Affekten einhergingen.

Affektive Schemata lassen sich nur mit entsprechenden emotionsfokussierenden, erlebnisbasierten Methoden verändern, denn sie haben einen anderen Code als Schemata mit hohen kognitiven Anteilen.

Affektive Schemata müssen während der Aktivierung bearbeitet werden, und zwar durch die gleichzeitige Aktivierung von positiven Gegenaffekten. Hierfür gibt es spezielle Methoden, die der integrativen Umstrukturierung dienen.

Da sich Schemata aus dieser Perspektive nur verändern lassen, wenn man ihre emotionalen Inhalte mit bearbeitet, muss laut SACHSE (2006b) eine vertrauensvolle und produktive Beziehung hergestellt werden.

Dies wird vor allem durch allgemeine und spezielle Therapeutenverhaltensweisen sichergestellt.

Im Unterschied zur Schematherapie und Kognitiven Therapie geht der Therapeut zunächst verdeckt vor. Das heißt, der Klient wird zu Beginn der Zusammenarbeit nicht in das Schema-Modell beziehungsweise in den Therapie-Ablauf eingeführt.

Zunächst geht es vorwiegend um den Beziehungsaufbau und auch darum, dass der Therapeut ein Schema-Modell vom Klienten entwirft und damit arbeitet. Das Modell wird während der Therapie immer wieder modifiziert.

In Bezug auf die professionelle Beziehungsgestaltung gibt es klare Vorgaben. Der Therapeut verhält sich komplementär zur Motivebene des Klienten, um den sogenannten *Beziehungskredit* (stabile Vertrauensbasis) aufzubauen. Ohne Beziehungskredit können keine konfrontativen Methoden eingesetzt werden.

Das heißt, Klienten, die beispielsweise den Eindruck vermitteln, dass sie Anerkennung brauchen („Ich habe selbst Psychologie studiert!"), werden konkret (schemaspezifisch) dort abgeholt, wo sie stehen.

Der Therapeut geht authentisch, aber nicht überdurchschnittlich auf das Bedürfnis ein („Das ist sehr gut, die Therapie wird dadurch enorm unterstützt!").

Die teils verborgenen Bedürfnisse erschließt der Therapeut bereits ab der ersten Sitzung mittels der Deutung von verbalen und nonverbalen Informationen.

Die bedürfnisorientierte Beziehungsgestaltung sorgt gleichzeitig dafür, dass der Klient sein intransparentes und teilweise manipulatives Interaktionsverhalten (Psychospiele) nach und nach unterlässt (SACHSE 2006a).

Fazit: Klärungsorientierte Psychotherapie findet strukturiert und zielorientiert statt. Der Therapieablauf wird wie folgt beschrieben (HAMMELSTEIN 2009, 197):

1. Beziehungsaufbau (Entwicklung einer vertrauensvollen Beziehung, vor allem durch komplementäre Strategien),
2. Bearbeitung der Bearbeitung (Abbau der Schemaheilungs-Vermeidung, Internalisierung der Perspektive),
3. Phase der Klärung (Schemata werden dem Klienten kognitiv zugänglich gemacht),
4. Veränderung der dysfunktionalen Schemata,
5. Kompetenz-Training (Prüfung, Integration von Schemata, Verbindung mit Ressourcen, Ein-Personen-Rollenspiel),
6. Transfer-Phase (Übersetzung in den Alltag),
7. Ablösung.

Klärungsorientierte Psychotherapie, Transfer

Die Tipps von SACHSE (2006b) zur Gestaltung der Beziehung zwischen Therapeut und Klient sind für die Schemapädagogik sehr wertvoll. Der Schemapädagoge ist sich entsprechend bewusst, dass das Verhalten, das charakterlich schwierige Personen im Alltag zeigen, meistens darauf abzielt, unbewusste Bedürfnisse zu befriedigen; diese gilt es zu erkennen.

Betreffende neigen auch zu sogenannten manipulierenden Psychospielen, womit sie den Interaktionspartner zu einem bestimmten Verhalten, sprich zur Berücksichtigung des jeweiligen Motivs, zwingen.

Der Schemapädagoge versteht den Klienten in solchen Situationen tiefgreifend und nimmt das auffällige Verhalten, selbst provokantes, nicht persönlich. Er bringt es mit verschiedenen dysfunktionalen Schemata und frustrierten Grundbedürfnissen des Klienten in Verbindung.

Außerdem ist sich der Schemapädagoge darüber bewusst, dass ohne den Aufbau von Beziehungskredit keine gute Basis einer Zusammenarbeit entstehen kann. Werden zu Beginn der Zusammenarbeit zum Beispiel durch Unerfahrenheit Fehler gemacht, etwa konsequent und stur Disziplin eingefordert, führt dies notwendigerweise zur Aktivierung von nachteiligen Schemata aufseiten des Klienten.

Er kennt solche unliebsamen Reaktionen bestens – aus eigener Erfahrung. Ausschließlich autoritäres Auftreten trägt nur zur weiteren Praxis von kostenintensiven Psychospielen bei. Der Klient durchlebt entsprechend nur sein Dilemma von früher.

Daher kann die Bedeutung einer speziellen, nämlich komplementären Beziehungsgestaltung, gar nicht überschätzt werden. Das heißt, der professionelle Helfer erkennt Psychospiele als solche und passt sich bewusst an die dahinterstehende Motivebene an.

Entsprechend schenkt man Klienten, die offensichtlich und verdeckt vermitteln, dass sie Anerkennung brauchen, genau das, was erwünscht ist.

Gelingt es dem Schemapädagogen, durch Akzeptanz, Toleranz, Kongruenz und komplementäre Beziehungsgestaltung Vertrauen aufzubauen, führt dies dazu, dass der Klient einerseits sein manipulierendes Verhalten aufgibt und andererseits sich öffnet.

Bei Bedarf greift der Schemapädagoge aber auch in der Anfangsphase die Psychospiele des Klienten auf und interveniert, etwa wenn sie jeglichen persönlichen Umgang unmöglich machen.

Erst nach der Phase des Beziehungsaufbaus kann der Schemapädagoge außerdem den Anderen mit den Kosten seiner Psychospiele, den dahinterstehenden Schemata und Bedürfnissen „bekannt machen".

Unter vier Augen kann es um folgende Fragen gehen: Welche Spiele werden gespielt – und was will ich damit erreichen? Was sind meine Grundbedürfnisse? Wieso kann ich nicht direkt auf sie eingehen? Welche Schemata gibt es? Was kann ich sonst tun, um meine Bedürfnisse zu berücksichtigen?

Körpersprache

Kommunikation verläuft auf mehreren Kanälen – gleichzeitig (SCHULZ VON THUN 1998). Zwar hören und interpretieren wir die Stimme des Gesprächspartners, interpretieren den Inhalt dessen, was er sagt. Aber der Großteil der Interaktion verläuft auf der nonverbalen, körpersprachlichen Ebene.

Die Inhalte der sprachlichen Interaktion müssen zur Körpersprache (Mimik, Gestik, Haltung, Bewegung) passen, ansonsten wird der Andere schnell misstrauisch. Schon eine „unpassende" Mimik kann beim Gegenüber ein negatives Gefühl auslösen.

Das Innerpsychische wird permanent (unbewusst) nach außen gekehrt
Körpersprache hat viel mit den emotionalen innerpsychischen Vorgängen zu tun, die jede Sekunde in uns ablaufen. Das liegt daran, dass unsere gefühlsspezifischen Hirnareale permanent die Außenwelt in Hinsicht auf Vor- und Nachteile abscannen. Ein angenehmer Reiz – etwa ein attraktiver Mitmensch – wird aus vielerlei Gründen meistens positiv eingeschätzt. Das heißt, unser emotionales Gehirn lässt uns mittels der Ausschüttung von Glückshormonen spüren: „Das da ist angenehm!"

Und bevor wir uns dessen überhaupt bewusst werden – denn die emotionalen Hirnareale sind schon vor der Geburt vorhanden und arbeiten unbewusst (SPITZER 2009) –, konstruiert sich automatisch ein Lächeln in unserem Gesicht. Das heißt auch: Wir kommunizieren bereits (nonverbal) Signale der Sympathie. Hieraus folgt: Selbstaufmerksamkeit ist sehr wichtig!

Anzeichen von Sympathie
Ein interessantes Phänomen wurde vor wenigen Jahren entdeckt (BAUER 2007a): das Spiegel-Phänomen. – Finden sich zwei Menschen anziehend, neigen sie dazu, ihre Körpersprache aneinander anzupassen. Das kann man ganz gut beim Flirt beobachten. Stellen Sie sich ein x-beliebiges frisch verliebtes Pärchen am Tisch beim Italiener vor, wie sie da sitzen und Nettigkeiten austauschen. Er hebt sein Glas, sie tut es ihm gleich. Er beugt sich im Gespräch zurück, sie ebenfalls. Sie beugt sich plötzlich zu ihm, er nährt sich ihr in ähnlicher Weise.

Wenn Ihre Körpersprache gespiegelt wird, etwa vom Klienten, mit dem Sie gerade arbeiten, findet der Andere Sie demnach wahrscheinlich nett. Weitere Zeichen der Sympathie sind: Lächeln, flüchtiger Körperkontakt, häufiger Blickkontakt. Hierfür muss natürlich stets Beziehungskredit vorliegen.

Anzeichen von Antipathie
Kommt der Mitmensch zu einer negativen Einschätzung Ihrer Person (das bleibt nie aus), so zeigt er meistens mehr oder weniger die ganze Palette an negativer Mimik und Gestik. Wir alle kennen zum Beispiel die sogenannte „kalte Schulter".

Sie wird dann offenbart, wenn sich der Andere von einem abwendet und entsprechend nur noch von der Seite zu sehen ist.

Schon der Händedruck kann viel verraten. Wer Ihnen die Hand regelrecht zerquetscht, will dominant wirken. Die andere Hand kann sich auch wie ein kalter Fisch anfühlen – und das lässt dann meistens ebenfalls nichts Gutes hoffen.

Auch die völlige Vermeidung des Blickkontakts bedeutet meistens: „Du bist Luft für mich!"

Den Gesprächspartner vorsichtig spiegeln – hilft beim Beziehungsaufbau

Sich auf den Gesprächspartner bewusst einstellen – das ist der erste Schritt zur erfolgreichen Manipulation (Ziel hier: Sympathie herstellen). Einem dominant auftretenden Zeitgenossen ordnet sich der professionelle Kommunikator körpersprachlich ein bisschen unter. Dem eher „trockenen", gefühlsarmen Gesprächspartner rückt man nicht auf die Pelle.

Es wirkt im Allgemeinen sehr positiv, wenn Sie die Mimik, Gestik und Körperbewegungen des Gesprächspartners dann und wann spiegeln. Aber aufpassen: Nicht zu offensichtlich werden! Das merkt der Andere sehr schnell und dann geht der Schuss nach hinten los.

Körpersprache verbessern

Eine hohe Kunst ist es, bei Bedarf auf jeden Gesprächspartner einen selbstbewussten, selbstsicheren Eindruck zu machen. Selbstbewusste Menschen sind im Allgemeinen in der Gesellschaft beliebt. Natürlich darf man bei diesem Unternehmen nicht zu sehr verkrampfen. Aber es hilft schon sehr viel, ruhig und gelassen zu agieren. Beim Gehen sollten nicht zu kleine Schritte gemacht werden, das macht schnell einen unsicheren Eindruck.

Grenzen der Manipulation

Natürlich hat der bewusste Einsatz von Körpersprache auch seine Grenzen in Hinsicht auf seine Wirksamkeit. Das liegt in solchen Fällen dann aber an den innerpsychischen Prozessen, die in unseren Klienten ablaufen.

Erinnere ich den Zu-Erziehenden durch mein Erscheinungsbild beispielsweise an eine Person aus seiner Kindheit, die ihm häufig übel mitspielte, kann es sein, dass in seinem Gehirn die gesamten negativen Emotionen aus seiner Vergangenheit aktiviert werden. Grund: Sein emotionales Gehirn „meint", ich *sei* der Täter von damals – und es funkt „Alarm".

Nur: Ich kann nun sehr wenig dafür, dass ich so und so aussehe. Klar. Und dem Anderen ist die Ursache seines inneren Unfriedens gar nicht bewusst, er kommt dann zu dem Schluss: „Ich kann den Typ da nicht leiden, weiß auch nicht warum!"

Ohnehin bewirken Vorurteile und Wahrnehmungsfehler, dass der erste Eindruck auch mal negativ ausfallen *muss* (› *Beurteilungsfehler, Band 2*). Mit solchen unliebsamen Situationen muss man leben können, auch als Pädagoge. Sie werden nie ausbleiben.

Kognitive Therapie (KT)

Es gibt verschiedene Therapieverfahren, die ihr Augenmerk vor allem auf die strukturierte Veränderung des dysfunktionalen, unsachgemäßen Wahrnehmens, Urteilens beziehungsweise Denkens legen.

Diese drei Faktoren werden in diesen Konzepten allgemein Kognitionen genannt. Andere Bezeichnungen sind: Einstellungen, Erwartungen, aber auch Werthaltungen und Problemlösestrategien (ANDRESEN 2001). (Daher auch die Bezeichnung: *Kognitive* Therapie.)

Alle kognitiven Therapieformen stehen unter dem Einfluss der Forschungen und Ausarbeitungen von AARON T. BECK (1976) und ALBERT ELLIS (1962).

Etwa zeitgleich entwickelten die beiden Wissenschaftler aufgrund von neuen klinischen Daten zu jener Zeit therapeutische Konzepte, die entsprechend hohe Anteile an kognitiven Methoden beinhalten.[7]

Beide Wissenschaftler wandten sich in ihren Schriften von SIGMUND FREUDs Psychoanalyse ab. Insbesondere die tiefenpsychologische Vorstellung, dass vor allem frühkindliche Ereignisse emotionale Störungen im Erwachsenenalter verursachen beziehungsweise aufrechterhalten würden, wurde abgelehnt.

ELLIS' Ansatz wird als rational-emotive Therapie bezeichnet, BECKS Entwurf gilt nunmehr überwiegend als kognitiv-verhaltenstherapeutisches Kon-

---

[7] In neueren Arbeiten (etwa BECK et al. 2004) wird die Persönlichkeit vielschichtiger gesehen, wobei dennoch der Schwerpunkt auf den kognitiven Prozessen bestehen bleibt.

zept. Beide Ansätze weisen hohe Überschneidungen in Theorie und Praxis auf.

Die Kognitive Therapie, so kann man feststellen, fand viele Anhänger und wurde stets weiterentwickelt und insbesondere durch Methoden der Verhaltenstherapie ergänzt. Heute versteht man unter dem Begriff Kognitive Therapie ein mehr oder weniger einheitliches Konzept, das die unterschiedlichen kognitiven Konzepte der genannten Wissenschaftler subsumiert.

Die grundsätzliche These der Kognitiven Therapie lautet (verkürzt): Psychische Störungen und mangelhafte Emotionsregulation sind Folgen – nicht Ursachen – einer fehlerhaften Einschätzung, Informationsverarbeitung beziehungsweise dysfunktionalen Bewertung von Situationen und Mitmenschen.

Jede psychische Störung wird entsprechend aufrechterhalten durch irrationale Kognitionen. Therapeuten, die dieser Schule angehören, sensibilisieren die Klienten daher für rationales, angebrachtes Denken (LEAHY 2007).

AARON T. BECK

Anhand von BECKS Ausführungen zur Depression lässt sich die eben erwähnte These leicht transparent machen. Seine Tests mit depressiven Klienten beispielsweise wiesen nach, dass die äußeren Umstände und Lebensbedingungen nicht viel Einfluss auf das Krankheitsbild haben.

Denn sogar beruflich erfolgreiche oder auch sehr attraktive Menschen, die nach dem „gesunden Menschenverstand" gar nicht zu der Klientel gehören dürften, offenbaren doch die für Depression typischen kognitiven Phänomene/Schemata (etwa: „Ich kann nichts", „Ich habe noch nie etwas erreicht", „Ich bin nicht liebenswert").

Das heißt, Depressive haben – trotz unterschiedlicher Lebensentwürfe – in etwa die gleiche negative Selbsteinschätzung und ähnlich pessimistische Zukunftserwartungen und Ängste. Hieraus wurde geschlossen, dass Depression immer auch eine Beeinträchtigung des Denkens beinhaltet.

Eine negative Auswirkung solcher Beeinträchtigungen ist zum Beispiel der Mechanismus der sich selbst erfüllenden Prophezeiung. – Die grundsätzlich pessimistische Einstellung führt etwa dazu, dass man Gesprächspartner häufig als unfreundlich *wahrnimmt*. Schon alleine diese ungünstige Interpretation dämpft grundsätzlich die Stimmung, welche wiederum die Lebensqualität des Klienten insgesamt beeinträchtigt.

Ein Teufelskreis. Die Folge: die psychischen und physischen Symptome der Depression treten deutlicher hervor, sie werden verstärkt.

Dieser Befund wurde von BECK auch auf andere psychische Störungsbilder übertragen.

ALBERT ELLIS

Ebenso geht auch ELLIS von dem Primat des Denkens aus. Das heißt, vor allem die dysfunktionalen Kognitionen stehen im Vordergrund der rational-emotiven Therapie. Sie gelten als hauptverantwortlich für die Entwicklung und Aufrechterhaltung von psychischen Störungen.

Insbesondere ELLIS berief sich oft auf den bekannten Ausspruch des griechischen Philosophen EPIKTET: „Es sind nicht die Dinge selbst, die uns beunruhigen, sondern es ist die Vorstellung von den Dingen."

Sein Modell ist sehr von konstruktivistischen Thesen geprägt. Menschen erschaffen demnach ihre Realität durch die subjektiv eingefärbte Wahrnehmung und Beurteilung der Ereignisse. Durch stressbesetzte Erfahrungen (Traumata, soziale Beeinträchtigungen) können kognitive Störungen entstehen, die den Alltag im Hier und Jetzt beeinflussen.

Verzerrte Kognitionen in Bezug auf den Lebensstil, die Arbeitsstelle, Freunde usw. beeinflussen etwa das emotionale Verhältnis zu sich selbst und zu anderen. Es kommt zu Emotionsregulationsstörungen. Den Zusammenhang zwischen Kognitionen und Emotionen definiert ELLIS so: Emotionen sind das Ergebnis von Kognitionen.

Auf den Punkt gebracht heißt das: In einer bestimmten Alltagssituation (*activating event*) werden automatisierte Gedanken, Einschätzungen und Bewertungen ausgelöst (*belief system*), die eine bestimmte Emotion provozieren (*consequences*).

Das sogenannte A-B-C-Schema beschreibt diesen Prozess genau. Am Beispiel von sozialer Angst soll dies verdeutlicht werden:

> - **A** (activating event): Ein Prüfling sitzt im Vorbereitungsraum von Universitätsinstitut X.
> - **B** (belief system): Die durch die Situation ausgelösten Kognitionen beinhalten in diesem Fall folgende Thesen: „Ich kann den Stoff nicht 100-%ig!",

„Ich rede bestimmt nur Blödsinn" und „Der Prof kann mich nicht leiden und wird mir schwere Fragen stellen".
➢ C (consequences): Infolge der negativen Gedanken kommt es zu den körperlichen und emotionalen Symptomen, die bei sozialer Angst typisch sind (Zittern, Erröten, Erhöhung des Pulses usw.).

Nun wird – aus Sicht der Kognitiven Therapie – deutlich, dass und wie es in bestimmten Situationen zu einer falschen Ursachenzuschreibung (externale Kausalattribuierung) kommt. Würde man dem Studenten nämlich in seiner prekären Lage die Frage stellen: „Wieso bist du so aufgeregt?", würde er antworten: „Wegen der Prüfung!"

Tatsächlich ist diese Feststellung aber vor dem Hintergrund des A-B-C-Schemas nicht korrekt. Grund für seine Missstimmung ist nicht die Situation, sondern die negative Struktur seiner Erwartungs- und Bewertungsmuster. Das heißt, die Prüfung löst seine nachteiligen Emotionen nur aus und verursacht sie nicht.

ELLIS geht in seinen Schriften in Hinsicht auf die Bedeutung von irrationalen Kognitionen noch einen Schritt weiter. Es kommt demnach erst zu psychischen Krankheitsbildern, wenn das belief system mit zu vielen vernunftwidrigen Annahmen angefüllt ist. Mögliche Ursachen hierfür können sein:

➢ Ungünstige Lernprozesse (Prägung durch das elterliche Vorbild) und
➢ irrationale Konditionierungsprozesse (Verstärkung von Ängsten und Vermeideverhalten durch die Bezugspersonen).

Solche Phänomene führen eventuell dazu, dass Betreffende ihr Leben lang zuviele Alltagssituationen als bedrohlich wahrnehmen. In so gut wie allen Lebensbereichen können dann Probleme entstehen.

Hieraus folgt: Klienten kommen gewöhnlich in die Therapie, weil ihre früh erworbenen Schemata (Wahrnehmungen, Beurteilungen usw.) ihr eigenes Leben und meistens das ihrer Mitmenschen einschränken.

Erwiesenermaßen tauchen vor allem bei Depression, Persönlichkeits- und Angststörungen irrationale Kognitionen auf. Veränderungen des Denkens, so die These, ziehen Veränderungen des emotionalen Erlebens nach sich.

Die Ziele der Kognitiven Therapie sind eng an diese Hypothese angelehnt. Der Therapeut hilft dem Klienten dabei,

> (a) seine irrationalen Kognitionen (automatisierten Gedanken) aufzuspüren,
> (b) seine Wahrnehmungsfehler zu korrigieren und
> (c) Alternativen zu entwerfen, die dann im Alltag zur Anwendung kommen sollen.

Kritik

Lange Zeit wurden unbewusste Prozesse von kognitiven Therapeuten abgelehnt, was wahrscheinlich mit der oben schon erwähnten Psychoanalyse-Aversion in den ersten Schriften zur Kognitiven Therapie zusammenhängt.

Nunmehr bezieht die Kognitive Therapie die Existenz von unbewussten/impliziten Kognitionen mit ein (BECK, FREEMAN & DAVIS 2004).

Die Kognitive Verhaltenstherapie hat sich nach HAUTZINGER (2000) bewährt bei diversen psychischen Erkrankungen, etwa bei Zwangsstörungen, Depression, Essstörungen, Alkoholabhängigkeit, Angst- und Persönlichkeitsstörungen.

Etwas kritisch sind die optimistischen Grundannahmen bezüglich der Selbsthilfe-Potenziale der Klienten und der therapeutischen Beziehungsgestaltung zu sehen. Man geht

> (a) davon aus, dass sich recht zügig eine tragfähige Arbeitsbeziehung ergeben könne;
> auch (b) die gemeinsame Auswahl der Behandlungsziele würde keine allzu großen Schwierigkeiten bereiten, sondern sich quasi von selbst ergeben.
> Auf der anderen Seite (c) ist man davon überzeugt, dass Klienten grundsätzlich ein starkes Identifikationsgefühl haben.

Der hauptsächliche Kritikpunkt ist folgender: Nach den Erfahrungen von Therapeuten, die nach der Klärungsorientierten Psychotherapie und Schematherapie arbeiten, kommt es möglicherweise bereits in der *ersten* Therapiephase zu spezifischen unterschwelligen Beziehungsstörungen, die den Beziehungsaufbau geradezu unmöglich machen.

YOUNG et al. (2008, 56f.) haben bei zahlreichen Klienten spezielle Beziehungsschemata vorgefunden, die alle drei positiven Annahmen (siehe oben) von Beginn an stark beeinträchtigten.

Auch die Autoren der Klärungsorientierten Psychotherapie (HAMMELSTEIN 2009) kritisieren die zuversichtliche Auffassung von kognitiven Therapeuten. Sie meinen: Klienten mit Persönlichkeitsstörungen offenbaren dem Therapeuten gegenüber ein bestimmtes vorauseilendes Verhalten, das schon durch dysfunktionale Schemata verursacht ist.

Das heißt, das entsprechende Verhalten ist womöglich genau das Problem, weswegen die Therapie überhaupt erst begonnen wird!

Die Betreffenden empfinden dieses kostenintensive Auftreten aber gar nicht als dysfunktional, sondern als zu ihrer Persönlichkeit gehörend (*ichsynton*). Darauf wird unten noch eingegangen.

Folgende Elemente sind, zusammenfassend gesagt, in den meisten Therapien auffällig, die kognitiv orientiert sind (nach KRIZ 2007, 137):

1. **Beobachten**: Der Therapeut erklärt offen das Konzept und die Ziele der Zusammenarbeit. Zur Sprache kommt auch die These, dass an psychosozialen Problemen immer auch irrationale, automatisierte Gedanken und Bewertungen beteiligt sind. Unter diesem Gesichtspunkt werden die Konflikte des Betreffenden begrifflich strukturiert. Der Klient lernt bereits in dieser Phase, sich im Alltag gezielt zu beobachten. Außerdem soll er von der ersten Sitzung an seine aufkommenden Gedanken in relevanten Situationen außerhalb der Therapie notieren.
2. **Identifizieren**: Das Material, das der Klient zusammenträgt, stellt die Grundlage für kritische Gespräche dar. In diesen werden nachteilige Kognitionen auf den Prüfstand gestellt, sprich: gemeinsam diskutiert und analysiert.
3. **Hypothesenüberprüfung**: Der Klient lernt, im Alltag von seinen automatischen Gedanken über sich selbst und die Umwelt Abstand zu nehmen. Er nimmt sich differenzierter wahr und bemerkt, dass seine subjektiven Bewertungen und Schlussfolgerungen nicht immer zutreffen. Au-

> ßerdem werden Gegenbeweise zu der üblichen Lebensphilosophie gesammelt, etwa in den sogenannten sokratischen Dialogen. Gemeinsames Argumentieren gegen unangebrachte Gedanken führt außerdem zu einer effizienteren Emotionsregulation aufseiten des Klienten.
> 4. **Training der alternativen Erklärungen**: In der Therapie werden gemeinschaftlich alternative kognitive Konstruktionen entwickelt. Diese werden in der Realität (*in vivo*) ausprobiert. Durch den damit einhergehenden Erfolg bei der Lebensbewältigung werden die bisher aktiven dysfunktionalen Schemata abgebaut.

Kognitive Therapie, Transfer

Das Wissen um die von BECK und ELLIS erfassten kognitiven Verzerrungen und entsprechenden therapeutischen Interventionen kann sehr hilfreich im Umgang mit Klienten sein. Manche Menschen offenbaren irrationale Schemata in einer bestimmten Kombination, die auch noch regelmäßig aktiviert werden.

In diesem Fall kann der Schemapädagoge vorsichtige Rückschlüsse auf bestimmte nachteilige Erlebnisse beziehungsweise charakteristische Sozialisationserfahrungen ziehen.

Hierzu ist natürlich Aufmerksamkeit vonnöten.[8] Dies führt unter Umständen zu mehr Verständnis für die emotionalen Auffälligkeiten und kostenintensiven Verhaltensweisen des Klienten, die ja häufig durch nachteilige Schemata ausgelöst werden.

Stößt der Schemapädagoge während der Arbeit mit dem Betreffenden immer wieder auf dieselben Schemata, kann er, wenn die Umstände und Arbeitsbeziehung es erlauben, den Klienten in die Wirkungsweisen und emotionalen Auswirkungen von kognitiven Verzerrungen einführen. Hierzu sollte natürlich ein gewisses Vertrauensverhältnis bestehen.

Folgende Fragen können erörtert werden: Welche automatisierten nachteiligen Gedanken tauchen in welchen Situationen auf? Wie entstanden solche irra-

---

[8] Schemapädagogen gehen nie von endgültigen Diagnosen aus, sondern von vorläufigen Arbeitshypothesen. Diese können sich in der weiteren Arbeit fortwährend ändern; der Klient liefert ja stets neues „Material".

tionale Denkmuster? Welche Auswirkungen haben sie? Unter Umständen kann es auch sinnvoll sein, das A-B-C-Schema von ELLIS zu erläutern.

Vor solchen Interventionen, die sicherlich für den Anderen eine Art Konfrontation darstellen können, bietet sich eventuell auch an, auf niedrigem Level gemeinsam mit dem Anderen über seine dysfunktionalen Hypothesen zu disputieren.

Dies gilt etwa für das sogenannte Schwarz-Weiß-Denken („Wenn mich jemand kritisiert, ist das eine Katastrophe"), Personalisieren („Alle haben etwas gegen mich"), Katastrophieren („Wenn ich durch die Prüfung falle, werde ich arbeitslos").

Durch gemeinsame Reflexion kann aufseiten des Klienten eine kognitive Veränderung stattfinden. Und die hätte dann nach der Kognitiven Therapie allgemein positive Auswirkungen auf das emotionale Erleben.

Einen weiteren Erfolg hätte der Schemapädagoge dann erreicht, wenn der Betreffende zukünftig in den persönlichen „Gefahrensituationen" seine kostenverursachenden Schemata bemerkt, dann unterdrückt beziehungsweise umstrukturiert.

Entsprechend würde ein Jugendlicher, der zu übertriebenem Alkoholkonsum neigt, durch eigene kognitive Strategien imstande sein, das nächste Mal an seiner favorisierten Kneipe in der Altstadt, in der es regelmäßig körperliche Auseinandersetzungen gibt, vorbeizugehen.

Kommunikation, Allgemeines

Nach WATZLAWICK et al. (1969/2003) ist es erfahrungsgemäß unmöglich, *nicht* zu kommunizieren. Wir teilen uns mit, irgendwie, immer und überall. Selbst wenn wir in unserer Rolle als Sozialpädagoge nichts aussagen oder suggerieren wollen, senden wir Signale, körpersprachlich, die unsere Klienten empfangen und unwillkürlich wieder interpretieren, manchmal auch vor dem Hintergrund einer Schema-Aktivierung (› *Schema*). Demnach entsteht fortwährend Interaktion.

Ein Beispiel aus dem Alltag. Nehmen wir an, ein 35-jähriger Büroangestellter betritt in seiner obligatorischen Mittagspause sein Lieblingsbistro in der

Innenstadt, und unter den Anwesenden fällt ihm beim Eintreten sofort eine anziehende Frau auf. Sie liest gerade die Tageszeitung. Er hat sie noch nie dort gesehen. Was passiert nun? Sie blickt nach oben, taxiert kurz die Augen des Eintretenden und kehrt wieder zurück zur Lektüre. Ende, das war's. Sprachlich ist zwar nichts passiert, das ist klar, aber nonverbal.

Es gibt jetzt sogar mindestens drei Möglichkeiten, wie der Büroangestellte die „Nachricht", also die Mimik und Gestik, aufnehmen, sprich: interpretieren kann. Es kann für ihn heißen:

1. „Ich will heute einfach meine Ruhe haben";
2. „Du erscheinst mir unsympathisch";
3. „Du bist mir nicht attraktiv genug".

Zu welcher Interpretation er neigt, hängt von seinem subjektiven Empfinden ab, vom aktuellen Selbstbild, aber auch von gegenwärtigen Gemütsstimmungen und Erfahrungen, die er in seiner Lebensgeschichte in ähnlichen Situationen gemacht hat (› *Kommunikation und Konstruktivismus*).

Für Sozialforscher aller Couleurs steht fest (etwa WATZLAWICK et al. 1969/2003; THOMANN & SCHULZ VON THUN 2003), dass infolge von Kommunikationsmissverständnissen und -paradoxien (› *Kommunikationsparadoxien, Formen und Beispiele*) die Qualität der betreffenden zwischenmenschlichen Beziehung über kurz oder lang deutlich sinkt.

Jeder Pädagoge kennt entsprechende Konflikte mit Klienten und deren potenzielle Auswirkungen im Berufsalltag. Nicht selten kommt es auch zur Ausprägung von psychosomatischen Krankheiten.[9]

Es besteht kein Zweifel daran, dass sich auch Pädagogen und Klienten bei Streit- und Zwiegesprächen, aber auch beim normalen Austausch im Alltag häufig unverstanden, falsch verstanden beziehungsweise „nicht richtig" verstanden

---

[9] Zu den klassischen körperlichen Symptomen, die unter anderem entstehen können, wenn permanenter Stress und/oder zwischenmenschlicher Ärger an der Tagesordnung stehen, gehören etwa: Magengeschwür, Asthma, Rheuma, Neurodermitis, Herz- und Kreislaufstörungen, Kopfschmerzen (RICHTER 1963/2000). Einige Therapeuten sehen zwischenmenschliche Konflikte gar als Ursache für Krebs und Herzinfarkt an (MENTZOS 2009).

fühlen.

In manchen Beziehungen, sei es im privaten oder beruflichen Bereich, herrschen charakteristischerweise über Jahre hinweg dieselben Kommunikations-Teufelskreise vor.

Kommunikation, tiefenpsychologisch betrachtet

Viele Professionelle und auch Klienten kommunizieren vor dem Hintergrund wissenschaftlicher Erkenntnisse nicht authentisch, sondern tendenziell „geschönt" bis latent aggressiv – was in der Regel auf psychodynamische Prozesse zurückzuführen ist (SCHULZ VON THUN 1998). Dieses Phänomen „verdanken" wir nach der Einschätzung von diversen Tiefenpsychologen hauptsächlich unserer gesellschaftlichen Tradition, die seit Jahrtausenden hierarchisch geordnet ist, „von oben nach unten" (ROSENBERG 2001). Daher ist es demnach kein Zufall, dass es um den „Kommunikationsalltag" im Allgemeinen so schlecht bestellt ist.

In diesem Sinne bringen es etwa RATTNER & DANZER (2003, 15), zwei zeitgenössische Vertreter einer Humanistischen Psychoanalyse, auf den Punkt: „Der Durchschnittsbürger glaubt, dass Erziehen hauptsächlich im Ermahnen, Tadeln, Bestrafen und Aussprechen von warnenden Zukunftsprognosen besteht."

Eine entsprechend autoritäre Erziehungsideologie hat in der Regel Auswirkungen: Die davon betroffenen Heranwachsenden werden tendenziell von sich selbst entfremdet, also ent-personalisiert, *über*-vergesellschaftet und *über*-sozialisiert. Gefühle und Bedürfnisse etwa können infolgedessen dann später hinaus nur sehr schwer bewusst gemacht und daher nur selten dem Mitmenschen kommuniziert werden (› *Charakter, analer*).

Häufig fällt beim Thema „Erziehungsstile" der sprichwörtliche Apfel nicht weit vom Stamm: Die erworbenen „über-rationalen" Persönlichkeitseigenschaften werden meistens wieder an die eigenen Kinder weitergegeben (vergleiche RICHTER 1963/2000).

Dabei ist auffällig: „Man spürt meistens das ›Angestecktwerden‹, das ›Selber-Weitergeben‹ spürt man nicht so" (THOMANN & SCHULZ VON THUN 2003, 246).

Wenn Erziehung *zu* erwartungsvoll, *zu* gebieterisch praktiziert wird, dann wirkt sie neurotisierend und macht viele Kinder aller Wahrscheinlichkeit nach zu „funktionierenden Schreibtischtätern", die kein eigenes Ich und somit auch keinen Zugang zum Selbst besitzen (siehe auch FROMM 1976/2003).

Ein weiterer bedenklicher Aspekt in Bezug auf die persönliche Entwicklung ist: Wenn ein Kind *nie* gegen seine Eltern ankommt und stets klein beigeben muss, demnach gezwungenermaßen gewaltige Frustrations-Aggressionen aufbaut, sucht es sich leicht diverse „Ablassventile" in der Umwelt (› *Projektion*).

Durch die *gegenteilige* Erziehungsphilosophie, die den Prinzipien Überbehütung und Verzärtelung folgt, entsteht häufig eine ebenso innerlich zerstrittene Individualität; etwa ein Mensch, der vorwiegend (weil die Einsicht in eigene Stärken fehlt) der „Härte des Lebens" (RATTNER 1996) kontinuierlich ausweicht. Denn die Umwelt ist, so merkt man schnell, leider nicht so „spendend" und „gebend" wie die eigenen Bezugspersonen. Diese Erkenntnis zieht in der Regel große Enttäuschungen nach sich.

Fazit: Durch die beiden beschriebenen Erziehungsstile werden den Heranwachsenden sehr nachteilige Sprachmuster vermittelt, gewöhnlich im Sinne einer „Herrschafts-" und/oder „Sklavensprache" (siehe unten).

Nachteilige Kommunikationsmuster, die von den Bezugspersonen in der frühen Kindheit immer wieder zum tragen kommen, etwa das bekannte Interaktionsmuster „Ich bin okay, du bist nicht okay" (HARRIS & HARRIS 1975), werden im Falle einer permanenten Präsenz und Praxis in die Psyche des Heranwachsenden eingebettet. Das heißt, sie werden psychisch verinnerlicht und dadurch zu einem Teil der *eigenen* Kommunikationskultur. Auf diesem Weg bildet sich entsprechend eine „Kampfsprache" heraus, die im Alltag in bestimmten Situationen automatisiert abläuft (ROSENBERG 2001).

Mehrere Autoren, die die zwischenmenschliche Kommunikation thematisieren, zum Beispiel RHODE, MEIS & BONGARTZ (2003, 13), verweisen in Bezug auf das Thema „Wie kommt die irrationale Kommunikation in den Kopf?" auch auf die Relevanz der Rolle der Medien: „Werfen Sie einen Blick in die Kinder-, Jugend- und Erwachsenenfilme eines einzigen Fernsehtages, und Sie werden feststellen, dass es nur eine Möglichkeit zu geben scheint, mit Konflikten umzugehen: Kampf. Konfliktbeladene Situationen werden als nicht aushaltbar dargestellt und müssen deshalb durch einen Kampf schnell aus der Welt geschafft wer-

den."
Verwendet wird dabei immer eine Art „Herrschaftssprache". Die Autoren von *Angriff ist die schlechteste Verteidigung* reden vom Gebrauch von „Hoch-Status-Handlungen" – etwa wenn ein Chef seinen Angestellten zusammenstaucht – und beziehen sich dabei auf den Theaterregisseur K. JOHNSTONE.

Im Sinne einer „Sklavensprache" agiert nun jemand, der oft wie ein fremdbestimmter „Unfreier" spricht: „Ich *muss* ..."

Wie man sieht, verweist die Art und Weise, wie jemand im Alltag häufig kommuniziert, auf bestimmte biografische Konstellationen.

Kommunikation – Sach- und Beziehungsebene

Der durch zahlreiche Veröffentlichungen bekannt gewordene Hamburger Universitäts-Professor SCHULZ VON THUN (1989) hat unter anderem ein sehr ergiebiges und vor allem allgemein gebräuchliches Modell zur allgemeinen Kommunikationspsychologie entworfen.

Dieses Konzept setzt sich zusammen aus humanistischen, systemischen und gesellschaftstheoretischen Grundlagen. Wir gehen an dieser Stelle ausschließlich auf das Thema „Kommunikation ist vielschichtig" ein.

SCHULZ VON THUN (ebenda, 26ff.) unterstreicht mehrmals, dass jede Nachricht, das heißt, eine verbale Mitteilung, stets verschiedene Botschaften gleichzeitig enthalten kann, genau genommen *vier* (siehe unten).

Schon WATZLAWICK et al. (1969/2003) erkannten die Pluralität, die Mehrdeutigkeit von Interaktionen im Sprachalltag. Demnach hat Kommunikation stets einen Inhalts- *und* (manchmal mehr als einen) Beziehungsaspekt.

Mit *Inhaltsaspekt* ist der eindeutige, der verbale Anteil gemeint (Beispiel: Mutter sagt zu ihrem 6-jährigen Sohn, der gerade vom Spielplatz kommt: „MENSCHENSKIND, DEINE HOSE HAT EIN LOCH!"). – *Beziehungsaspekte* andererseits beinhalten *implizierte*, nicht auf Anhieb erkennbare Bedeutungen, zumeist Gefühle, konkrete Bedürfnisse, nonverbale Inhalte.

Damit vermittelt der Sender dem Empfänger, *wie* er seine Mitteilung verstanden haben möchte (etwa: „*Ich* will nicht alle zwei Wochen eine neue Hose kaufen! *Pass* besser auf!").

Die aus dieser Perspektive (WATZLAWICK et al.) definierte „Zweiteilung" der zwischenmenschlichen Kommunikation in Sach- und Beziehungsebene ist also auch seitens des Sozialpädagogen stets zu berücksichtigen. Denn leicht kann es zu Missverständnissen zwischen Sender und Empfänger kommen.
Ein Beispiel zur Illustration:

Chef zu Mitarbeiter: „Ihr Projekt muss am Montag fertig sein! *Etwas* müssen Sie schon bringen."	Das heißt eventuell: „*Mein* Chef wird nicht erfreut sein, wenn ich ihm keine Ergebnisse abliefere. Daher bitte ich Sie, dass Sie das schaffen bis zum Montag. Ich möchte schließlich in diesem Jahr noch befördert werden."

Kommunikation ist vierseitig

SCHULZ VON THUN (1989) unterscheidet vier Kommunikationsebenen, die eine einzige Nachricht implizieren kann:

1. **Sachinhalt:** Damit sind klare, nachprüfbare Informationen über Vorgänge in der „realen Welt" gemeint, etwa: „Heute ist Montag." – „Gestern hat es geregnet." – „*Herr der Ringe 3* ist noch nicht angelaufen."
2. **Selbstoffenbarung:** Eine Nachricht enthält möglicherweise, wenn auch für den Empfänger nicht unbedingt erkennbar, eigene Bedürfnisse, Wertvorstellungen, verinnerlichte Normen, subjektive Gefühle und Motive: „Heute ist Montag – und *ich* will, dass du die Hausaufgaben vorzeigst!" – „Gestern hat es geregnet, daher war *ich* schlecht drauf." – „*Ich* würde *Herr der Ringe 3* gerne mit dir ansehen."
3. **Beziehungsaspekt:** Auf dieser Ebene wird kommuniziert, wie der Sender zum Empfänger beziehungstechnisch steht, es geht also um die Beziehungsdefinition. Etwa: „Ich bin dein Lehrer und daher befugt, dir Anweisungen zu erteilen, denn *ich* habe die Autorität. Und wenn ich dir etwas befehle, dann erwarte ich Gefolgschaft, schließlich bin ich dein Lehrer." Der Beziehungshinweis wird erfahrungsgemäß häufig nicht verbalisiert,

sondern vor allem durch Stimmlage und Körpersprache kommuniziert (manchmal unbewusst). Wenn einzelne Wörter oder Silben akzentuiert werden, bekommen Sätze automatisch verschiedene Bedeutungen. Der Ton macht bekanntlich die Musik.

4. **Appell:** Oft wollen Sender den Empfänger auch zu einem bestimmten Verhalten (verdeckt) motivieren. Ein Satz wie „Ich mein' ja nur" kann etwa ein solches Motiv („Ich akzeptiere ja deine Ansicht!") kommunizieren. Mit nahezu jeder Botschaft will der Sender irgendwie Einfluss auf den Empfänger nehmen, ihn (oder sie) zu einer Handlung oder Gefühlsreaktion bewegen. Ist dieser Appell verdeckt, dann wird auch von Manipulation gesprochen (› *Manipulationstechnik Appell, Band 2*).

Kommunikation und Konstruktivismus

Es kommt während der Interaktion *immer* auf die Wahrnehmung, anders gesagt, auf die Beurteilungsmaßstäbe des Empfängers an. Es stellt sich stets die Frage: Wie nimmt er die Nachricht auf, wie interpretiert er sie (ARNOLD 2007)?

Denn zum einen „sprechen wir mit vier verschiedenen Schnäbeln", das heißt, Sach-, Appell-, Beziehungs- und Selbstoffenbarungsaspekte werden verschiedenartig akzentuiert (siehe oben); zum anderen wird mit vier „verschiedenen Ohren empfangen". Mit anderen Worten, ebenso viele Aspekte können vom Gesprächspartner – abhängig von seinem Charakter, seiner aktuellen Stimmung usw. – herausgehört werden (SCHULZ VON THUN 1989). (Daher kommt es im Sprachalltag auch so oft zu Missverständnissen.)

Es gibt etwa Personen, bei denen fällt das Beziehungs-Ohr übergroß aus: „Sie [die gemeinten Individuen] beziehen alles auf sich, nehmen alles persönlich, fühlen sich leicht angegriffen und beleidigt. Wenn jemand wütend ist, fühlen sie sich beschuldigt, wenn jemand lacht, fühlen sie sich ausgelacht, wenn jemand guckt, fühlen sie sich kritisch gemustert, wenn jemand wegguckt, fühlen sie sich gemieden und abgelehnt" (SCHULZ VON THUN 2002, 51).

Man kann daher im privaten und beruflichen Bereich nie ganz sicher sein, dass das, was man sagt, auch „so" beim Empfänger ankommt. Wichtig ist selbstverständlich, dass man stimmig kommuniziert, das heißt, „einseitig".

Ähnlich „konstruktivistisch" verhält es sich mit dem Phänomen Gewalt. Denn: Die Phänomene Gewalt und Gewaltbereitschaft sagen einerseits sehr viel über die innerpsychische Struktur des Betreffenden aus und andererseits auch über die vorhandenen Kompetenzen, seine Probleme zu lösen.

Somit müssen in der Beeinflussung des Phänomens Gewalt die innerpsychische Struktur des Betreffenden geklärt und seine Problemlösekompetenzen erweitert werden. Dies klingt zunächst lapidar – aber dieser Aspekt ist gewissermaßen die Ausgangsbasis sozialpädagogischen Handelns, wie noch zu zeigen sein wird.

Aus konstruktivistischer Sicht wird davon ausgegangen, dass sich jeder Mensch seine Wirklichkeit selbst *konstruiert*. Durch seine innerpsychischen Verarbeitungsprozesse definiert sich jeder selbst.

Anders gesagt, es ist in Hinsicht auf die Arbeit mit den Betreffenden sehr relevant, *wie* die Klienten ihre Wirklichkeit, sich selbst, ihre Problemlösekompetenzen und auch ihre Mitmenschen häufig *wahrnehmen*, sprich: *konstruieren* (vergleiche WATZLAWICK 2010).

Nach SINGER (2002, 72) darf Wahrnehmung nicht so verstanden werden, dass lediglich die Wirklichkeit quasi vom Betreffenden „aufgesogen" wird, also „ungefiltert von außen nach innen wandert". Vielmehr ist Wahrnehmung das Ergebnis eines neuronalen *aktiven* Prozesses, der auf biografischen Erfahrungen beruht.

Diese Prozesse finden von „klein auf" statt. Bereits Kinder konstruieren ihre Wirklichkeit anhand ihrer Erfahrungen, egal ob diese letztlich positiv oder negativ wahrgenommen wurden. Schlägt beispielsweise der Vater häufig die Mutter, so könnte das Kind seine Wirklichkeit in der Art konstruieren, dass das unmoralische Geschehen *logisch* erscheint: *Mutter macht etwas verkehrt; oder: Vater bestraft andere und reagiert bei Stress mit Gewalt.*

Die Identifikation mit dem schwächeren Part ist für das Kind in der Regel sehr unwahrscheinlich, da das Verbünden mit dem starken Elternteil eher ein „psychisches Überleben" ermöglicht. Somit findet im genannten Fall wahrscheinlich eine Identifikation mit dem Vater statt, obwohl das Kind innerlich gern für die Mutter einstehen würde.

Auf diese Weise wird auch Problemlöseverhalten gelernt; und ferner wird auch irgendwann konstruiert, *wie* Beziehungen geführt werden und wie „ein

Mann" im Allgemeinen aufzutreten hat.

In für das Kind ähnlichen stressbesetzten Situationen werden diese Problemlösekonstruktionen dann selbst praktiziert. Setzt Erfolg mittels dieses Verhaltens ein, macht es für das Kind „Sinn", diese Reaktion als effiziente Strategie auch weiterhin einzusetzen.

Erfolg kann vielseitig sein, etwa auch in der Art, dass nach der Gewaltausübung ein Stressabbau stattfindet, anders gesagt, dass sich eine Entspannungsempfindung einstellt.

Gewalt spielt besonders bei den erlernten Mechanismen der Problemlösung, des Durchsetzens, der Machtausübung und der Beziehungsgestaltung eine wichtige Rolle. (Ebenso könnte aber auch das Kind durch die Identifikation mit der Mutter die Opferrolle erlernen und in dieser Rolle entsprechende Konstruktionen aufbauen.)

Intensive Konstruktionen verfestigen sich als Denkmuster und beeinflussen neben dem Denken das eigene Empfinden und Handeln.

Dieses beschriebene konstruktivistische Geschehen hat wiederum gedankliche und emotionale Auswirkungen auf das Hier und Jetzt. Beispiel: Ein jugendlicher Gewalttäter, der etwa über Jahre hinweg „gelernt" hat, dass das soziale Umfeld potenziell gefährlich sein kann, wird auch heute noch, in der aktuellen Situation, seinen Mitmenschen tendenziell bösartige Absichten unterstellen – nämlich dann, wenn bestimmte, strukturähnliche Reize bestimmte früh ausgeprägte neuronale Muster (Schemata) aktivieren.

Der konstruktivistische Mechanismus führt auch dazu, dass gerade jugendliche Gewalttäter immer wieder Situationen erleben, die sie „kennen". Das heißt, sie fühlen sich schnell provoziert und meinen dann, sie müssten sich „verteidigen". Diese Erwartungshaltungen (Schemata) zu verändern, sollte unbedingt auch das Ziel pädagogischen Handelns sein.

Kommunikationsparadoxien, Formen und Beispiele

Jede Nachricht besteht in der Regel aus verbalen und körpersprachlichen Elementen und ist in ihrer eigentlichen Bedeutung jederzeit verhältnismäßig facettenreich.

So gut wie alle Missverständnisse zwischen Sender und Empfänger können auf diesen Sachverhalt zurückgeführt werden. Sie, die Nachricht, vereinigt nach SCHULZ VON THUN (2002, Band 1) immer auch Beziehungs-, Appell-, Selbstoffenbarungs- und Sachaspekte (› *Kommunikation ist vierseitig*).

Ich möchte im Nachstehenden Formen von gestörter Kommunikation thematisieren, das heißt, der Begriff soll mittels Beispielen transparent gemacht werden.

Folgende Phänomene haben den Charakter von Kommunikationsparadoxien:

1. Gebrauch von Du-Botschaften bei Kritik am Mitmenschen, verbunden mit einer subjektiven Wertung.
Warum diese sicherlich populäre Kommunikationsart extrem unerfreulich für das Gegenüber auf der Beziehungsebene ist, ist schnell erklärt: Derartige Kommentare („Du bist aggressiv", „Du hast doch noch nie was erreicht" o.Ä.) provozieren *immer* die Abwehr unseres Gesprächspartners, führen also zu emotionaler Anspannung und verhindern auf diese Weise einen konstruktiven Dialog. – Denn die kognitiven Potenziale werden dadurch geradezu von negativen Gefühlen „überlagert". Leicht kommt der Betreffende zu dem Schluss: „Ich bin nicht okay!" Da diese Kognition zweifellos den Selbstwert infrage stellt, wird sie mit allen möglichen innerpsychischen Ressourcen abgewehrt.

Wahrscheinlich fruchten auch deshalb solche Interventionen selten, weil unser Gegenüber mit entsprechenden Du-Botschaften unbewusste biografische Situationen assoziiert, die mit unliebsamen Gefühlen einhergingen.

2. Eigene Gemütszustände werden auf das Gegenüber projiziert und dort bekämpft.[10]

Die Projektion ist nach Meinung vieler Psychologen für zahlreiche zwischenmenschliche Konflikte verantwortlich, im Kleinen wie im Großen. Wahrscheinlich sind nicht nur Klienten, sondern auch Professionelle hin und wieder von diesem Phänomen betroffen.

Grund: Die Projektion schützt zwar das Selbstwertgefühl, ist aber Segen und Fluch zugleich; denn: Wenn jemand seine Schattenseiten (etwa: Faulheit, Gehässigkeit, Geiz, schlechte Laune usw.) unbewusst auf einen Mitmenschen abwälzt, also sie *projiziert,* dann führt dies auch in der Regel zu aggressiven Verhaltensweisen.

3. Sich selbst widersprechende Mitteilungen.

WATZLAWICK et al. (1969/2003) begreifen folgende Sätze als Paradoxien: „Sei spontan!", „Tue doch nicht immer das, was andere von dir wollen!", „Sei doch mal von dir aus nett!" Regelrecht paradox erscheinen diese Mitteilungen nämlich deshalb, weil sie das Gegenüber in eine unlösbare Situation drängen.

Leicht könnte der Gesprächspartner nämlich denken: „Wenn ich *jetzt* spontan bin, weil du es sagst, dann ist das doch aus Gehorsam geschehen und nicht mehr spontan"; oder: „Wenn ich nicht tun soll, was andere von mir wollen, dann darf ich auch jetzt, wenn ihr mir sagt, was ich tun soll, gerade das nicht tun"; oder: „Wie soll ich denn von mir aus nett sein, wenn mir gerade jetzt nicht der Sinn danach steht?"

Sich selbst widersprechende Mitteilungen verursachen nur Verwirrungen, weshalb sie in der sozialpädagogischen Praxis ausgespart werden sollten.

4. Affektbesetzte Kommunikation.

Unkontrollierte Aggressionen und ausufernde Streits sind die „Apokalyptischen Reiter" (GOTTMAN 1999) der Kommunikation und gleichzeitig auch der davon

---

[10] SCHULZ VON THUN (2002, Band 1, 176) hat die Projektion sehr treffend beschrieben. Darum sei er hier zitiert: „Bestimmte seelische Vorgänge, die sich mir unerkannt abspielen, projiziere ich nach außen und erkenne sie beim anderen. Oft sind es Gefühle und Impulse, die ich mir nicht eingestehen mag, die nicht in mein Selbstbild passen, die ich dann übersensibel beim anderen entdecke und nicht selten dann mit großer Heftigkeit bekämpfe."

betroffenen Beziehung. Wer aus dem Affekt heraus kommuniziert, zum Beispiel vernichtende Du-Botschaften („Du bist das Letzte!") sendet, der denkt und handelt nicht logisch und rational, sondern *ohne* Vernunft.

Was dann aus dem Innersten hervorkommt, ist, milde ausgedrückt, eine echte Schattenseite der menschlichen Natur. Ähnliches geschieht bei einer Kommunikation, die von Neid und Eifersucht durchtränkt ist.

Derartige Menschlichkeiten, die natürlich nie ganz auszumerzen sind, sind in keiner Beziehung zu unterschätzen. Es ist natürlich klar, dass im Affekt noch viel Schlimmeres passieren kann.

Besser ist es, der Professionelle behält den Ärger kurz in sich, „lässt" danach das „Problem" beim Klienten, versucht also, das gerade frustrierte Grundbedürfnis des Gesprächspartners zu erkunden.

Danach ist es sinnvoll, sich selbst Aufmerksamkeit zu schenken. – Fragen Sie sich: „*Warum* war ich *wirklich* sauer? Lag es wirklich am Klienten oder mehr an meiner ‚Tagesform'"?

Oder: „War die Kleinigkeit, um die es jetzt ging, deshalb so wichtig für mich, weil ich nicht schon wieder auf der Beziehungsebene der Unterlegene sein wollte?"

Mit solchen Fragen kommt man auch eigenen Konfliktanteilen auf die Spur, die man beim nächsten Mal berücksichtigen kann.

5. Nicht-kongruente Kommunikation.
Einer der Begründer der Humanistischen Psychologie, C. ROGERS, der auch die Gesprächspsychotherapie als ein sehr erfolgreiches therapeutisches Verfahren einführte, verweist auf die Notwendigkeit, dass der Therapeut gegenüber dem Klienten kongruent sein muss, also „echtes" Verhalten zeigen soll.

Dieser Grundsatz sollte auch für die sozialpädagogische Praxis gelten. Doch es gibt beim Thema „Echtheit" (Kongruenz) ein potenzielles Problem. Es reicht nicht, auf der verbalen Ebene „echt" zu sein – die Körpersprache muss da „mitspielen". Das ist nicht immer der Fall; denn: Die Körpersprache ist abhängig vom inneren Zustand der Person, vom derzeitigen Selbstbild usw.

Es gibt einen Optimalfall diesbezüglich: Wenn das Verbale mit dem Nonverbalen übereinstimmt, offenbart der Betreffende die geforderte Kongruenz. Dies ist sehr sinnvoll, ansonsten wird der Klient, gerade in „brenzligen" Situationen, unwillkürlich misstrauisch. Es leuchtet ein, dass nicht-kongruente Verständigung meist den Empfänger der Botschaften verwirrt. Darum gilt auch in diesem Fall die Praxis der stimmigen und ehrlichen Kommunikation.

In Rollenspielen im Rahmen der Supervision kann ein entsprechendes Coaching stattfinden.

Kommunikationsübungen

Übung 1: Aufmerksamkeitstraining: Sinne öffnen

Um die für ein zufriedenes Berufsleben zuträgliche notwendige *Menschenkenntnis* (vergleiche ADLER 1927/1967) zu erwerben beziehungsweise auszubauen, ist es sinnvoll, alltägliche Konflikt-Konversationen einmal von „oben", von der Metaebene aus, zu betrachten.

Die wesentliche (schemapädagogisch relevante) Frage in diesem Zusammenhang lautet: Auf welcher Ebene und in welcher Art und Weise sendet mir ein Klient seine inneren, wahren Bedürfnisse?

Vielleicht will uns unser Gesprächspartner seine Gefühle und Bedürfnisse mitteilen, ist aber nicht in der Lage, aufgrund von anerzogenen Sprachbarrieren, diese konkret auszudrücken.

Aber die Reflexion sollte noch weiter gehen. Folgende Fragen sind ebenfalls hochrelevant:

> ➤ Welche Manipulationstechniken setzt der Klient unbewusst ein?
> ➤ Welche Appelle, Images, Tests sendet er (› *Manipulationstechniken, Band 2*)?
> ➤ In welche Rollen verfällt er?
> ➤ Was sind die Auslöser?
> ➤ Welche Schemata liegen eventuell vor?
> ➤ In welche Psychospiele lasse ich mich regelmäßig „hineinziehen"?
> ➤ Welche Strategien ergeben sich hinsichtlich der Praxis einer komplementären Beziehungsgestaltung?

Die (teils unbewussten) Botschaften unserer Klienten können und sollten auch einmal aus verschiedenen Perspektiven betrachtet werden. Hierfür bietet sich die Stühlearbeit an (› *Stühlearbeit, Band 2*).

Übung 2: Über eigene Kommunikationsmuster reflektieren
Natürlich muss diese Art der Reflexion in „beide Richtungen" gehen, das heißt, der Sozialarbeiter sollte die Kompetenz besitzen, über die eigenen Kommunikationsgewohnheiten möglichst objektiv zu reflektieren. Natürlich muss es auch „machbar" sein, aus Verhaltensautomatismen im Berufsalltag auszusteigen.

Bei diesem Unternehmen können folgende Fragestellungen aufgegriffen werden:

> ➤ Übernehme ich bei Unterhaltungen häufig den dominanten Part?
> ➤ Lasse ich mein Gegenüber kaum zu Wort kommen?
> ➤ Oder verhalte ich mich demgegenüber häufig eher unterwürfig und höre überwiegend aufmerksam und aktiv zu?
> ➤ In welche Rollen verfalle ich im Berufsalltag, was sind die Auslöser?
> ➤ Welche Schemata liegen bei mir vor und was sind ihre Auswirkungen?

Auch hinsichtlich dieser Fragen bietet sich neben der Selbstreflexion auch eine themenzentrierte Supervision an, die in jeder sozialen Institution eigentlich die Regel sein sollte.

Kompetenzen, schemapädagogische

Wer im Berufsalltag Schemapädagogik betreiben will, braucht spezifische Fähigkeiten. Auf diese wird im Folgenden eingegangen. Es wird dabei stets davon ausgegangen, dass die pädagogische Fachkraft mit Kindern, Jugendlichen oder Erwachsenen zu tun hat, die überwiegend schwierige Verhaltensmerkmale offenbaren und Defizite in den Bereichen Selbst- und Sozialkompetenz und Emotionsregulation aufweisen.

Eigene Schemata und Schemamodi berücksichtigen können

Da jeder Mensch in seiner Kindheit und Jugend bestimmte Schemata und entsprechende Bewältigungsreaktionen ausgeprägt hat, stellt sich der professionelle Helfer auch öfter die Frage, wie die Dinge bei ihm liegen.

Es kann nämlich durchaus sein, dass innerpsychische Muster das sozialpädagogische Handeln beeinflussen. Dies führt unter Umständen dazu, dass eine ganzheitliche Förderung der Selbst- und Sozialkompetenzen des Klienten gefährdet wird. Die Wirksamkeit des Vorgehens sinkt somit unweigerlich.

So löst vielleicht ein Jugendlicher, der herausfordernd auftritt (*Schikanierer- und Angreifer-Modus*) aufseiten des Schemapädagogen denselben Schemamodus aus – was schnell in einen Konflikt ausarten kann. Und schon ist der Beziehungskredit verbraucht, und ein Neubeginn ist vonnöten.

Mit diesem Beispiel soll angedeutet werden, dass eine gewisse Selbstaufmerksamkeit in Bezug auf Schema- oder Modi-Aktivierungen nicht schadet.

In folgender Tabelle sind drei Schemata und ihre möglichen Auswirkungen im Berufsalltag beispielhaft aufgeführt.

Schema	Verhaltenstendenzen/Neigungen
Aufopferung	Der Helfer ist zu empathisch, grenzt sich nicht genug ab. Entsprechend „leidet" er zu viel mit dem Anderen mit und fordert ihn zu wenig.
Emotionale Gehemmtheit	Der Helfer legt zu viel Wert auf Kontrolle, wobei die Empathie vernachlässigt wird. Eine komplementäre Beziehungsgestaltung kann unter diesen Voraussetzungen nicht stattfinden.
„Ich darf niemanden frustrieren"	Der Helfer fordert den Klienten zu wenig und passt sich zu sehr an. Eine Konfrontation mit den Kosten seiner Schemamodi beziehungsweise Psychospielen wird gewöhnlich nicht praktiziert.

Da dem Schemapädagogen entsprechend nachteilige Muster bekannt sind, achtet er stets auf seine Gefühle, wenn er mit Klienten arbeitet. Bei Bedarf setzt er sich selbst Grenzen beziehungsweise erweitert seine Kompetenzen. In Teambesprechungen kann zum Beispiel ein Austausch zwischen Kollegen stattfinden.

Auch aktivierte Schemamodi können die Beziehung des Pädagogen zu sich selbst und zum Klienten nachteilig beeinflussen. Hierzu ebenfalls drei Beispiele.

Schemamodus	Verhaltenstendenzen/Neigungen
Distanzierter Selbstberuhiger	Der professionelle Helfer dämpft seine Frustrationen, die er im Berufsalltag erfährt. Er vermeidet Gefühle, indem er zu extremen Ablenkungstendenzen neigt, etwa zu Alkohol- oder Medikamentenmissbrauch.
Verletzbares Kind	Der Helfer fühlt sich bei geäußerter Kritik vom Klienten oder Vorgesetzten automatisch verletzt, selbst wenn sie konstruktiv ist.
Distanzierter Beschützer	Kommt es zu beruflichen Misserfolgen, redet sich der Helfer intellektuell heraus; es kann dann gar nicht seine Schuld gewesen sein. Auf diese Weise vermeidet man eine direkte Auseinandersetzung.

Beziehungen komplementär gestalten

In psychosozialen Arbeitsfeldern hat man oft mit Klienten zu tun, die sehr früh massive Frustrationen ihrer Grundbedürfnisse erfahren haben. Entsprechend reagierten Betreffende infolgedessen mit der Ausprägung von dysfunktionalen Schemata. Aber auch Bewältigungsstrategien werden profiliert; sie stellen gewissermaßen reaktionäre professionelle Handlungsstrategien dar.

Sie entstanden nur deshalb, weil die ursprünglichen Bezugspersonen nicht „freiwillig" die relevanten Grundbedürfnisse erfüllt haben. Irgendwann verfestigte sich manipulierendes Verhalten – man hatte ja dadurch Erfolg, kam über Umwege zur Verwirklichung von interaktionellen Zielen.

Diese Handlungsstrategien sind aus Sicht des gesunden Menschenverstandes im Hier und Jetzt aber weit überzogen, unangebracht, irrational – und sie verursachen beim Gesprächspartner leicht Stress.

Der professionelle Umgang mit charakterologisch schwierigen Klienten ist daher sehr anstrengend, er erfordert ein hohes Maß an Professionalität, permanente Aufmerksamkeit und Flexibilität.

Der Schemapädagoge offenbart im Berufsalltag stets Empathie, Kongruenz und Akzeptanz, womit er zunächst die allgemeinen Vorgaben seines Berufsstandes praktisch umsetzt. Darüber hinaus orientiert er sich an den Anregungen zur speziellen Beziehungsgestaltung, die SACHSE (2006a) beschrieben hat. Diese sehen vor, dass sich die Fachkraft direkt an der Motivebene des Klienten orientiert. Sie ist zwar dem Klienten nicht bewusst, aber kann vom Gesprächspartner anhand von verschiedenen Hinweisen diagnostiziert werden.

Welche Bedürfnisse jeweils im Vordergrund stehen, finden Schemapädagogen recht zügig heraus. Sie achten auf Verhaltensweisen des Klienten, die dazu dienen, seinen Gesprächspartner zu manipulieren, ihm erwünschte Reaktionen aufzwingen.

Schon ein lapidarer Satz eines Klienten wie „Ich war am Wochenende in Stuttgart" kann das Bedürfnis nach Anerkennung vermitteln. Auf solche Signale achtet der Schemapädagoge und geht authentisch und wertschätzend auf sie ein.

Nach den Berufserfahrungen des Autors im Arbeitsfeld berufsbildende Schule geht es Jugendlichen meistens um Anerkennung, Solidarität und Wichtigkeit.

Im Folgenden geht es um andere Handlungsstrategien mit hohem manipulierenden Charakter.

Images, Appelle und Tests

Ein Image ist ein Eindruck, ein Bild, das der Klient beim professionellen Helfer unbewusst erzeugen will (SACHSE 2004). Beispielsweise vermitteln manche Schüler dem Lehrer vorauseilend bei jeder anstehenden Leistungsüberprüfung: „Ich kann das nicht!"

Dahinter steht oft der Appell, dass man dem Schüler helfen oder eine nicht allzu schlechte Note geben soll (auf diesen „Versuch" kann man humorvoll reagieren und ihn empathisch offenlegen).

Eine solche Handlungsstrategie von Klienten ist im Berufsalltag noch kein echtes Problem. Andere, gewichtigere Konflikte ergeben sich erfahrungsgemäß auch von selbst – das liegt in der Natur der zahlreichen dysfunktionalen Schemata, die Klienten aufweisen.

Schemapädagogen kommen nicht drum herum: Immer mal wieder werden trotz der Variablen Empathie, Akzeptanz und Kongruenz, die das pädagogische Handeln begleiten, aufseiten des Klienten auch negative Schemata á la „Ich bin nicht wichtig", „Ich bin ein Nichts" oder „Ich bin nicht liebenswert" ausgelöst.

Sodann kommt es im Zuge der Schema-Aktivierung auf verschiedenen Ebenen zu sogenannten Tests. Sie sollen das jeweilige Schema bestätigen. Das heißt, der Schemapädagoge wird plötzlich heftig kritisiert, angegriffen, der Klient vertritt plötzlich vehement die Meinung, man könne ihn überhaupt nicht leiden usw.

Solche Tests dürfen den professionellen Helfer nicht aus der Fassung bringen. Er stellt in solchen Situationen inneren Abstand her und macht sich klar, dass er nicht persönlich gemeint ist. Der Klient sieht in ihm nur eine „Kopie" derjenigen Bezugsperson, die hauptsächlich für die Ausprägung des gerade aktivierten Schemas verantwortlich war.

Der Schemapädagoge bleibt bei Vorwürfen, überzogener Kritik, Anschuldigungen usw. ruhig, zugewandt, akzeptierend und verweilt im Modus des *Gesunden Erwachsenen*. Lässt er sich nämlich zu Gegenschlägen verleiten, was verlockend erscheint, aber völlig falsch wäre, fällt der Beziehungskredit zwischen Helfer und Klient zurück auf das Anfangsniveau.

Jegliche Mühe war unter Umständen bis dahin umsonst. Der Klient kommt dann nämlich zu dem Schluss: „Ich hab es gewusst, auf den Herrn X kann man sich nicht verlassen."

Maladaptive Schemata und Bewältigungsversuche diagnostizieren, Schemamodi gemeinsam mit dem Klienten klären

Dem Schemapädagogen sind die 18 Schemata nach YOUNG die meiste Zeit über kognitiv präsent, sobald er im Berufsalltag mit Klienten zu tun hat. Darüber hinaus weiß er auch um die dazugehörigen Bewältigungsreaktionen sowie um die entsprechenden Schemamodi.

Außerdem ist sich der professionelle Helfer darüber im Klaren: Der Klient kann jederzeit von einem dieser drei genannten innerpsychischen Strukturen ohne sein Wissen zu bestimmten Kognitionen, Handlungsimpulsen und Handlungen motiviert werden.

Klienten liefern während der Zusammenarbeit immer wieder Hinweise auf ihre innerpsychischen Muster, sei es im Umgang mit sich selbst oder im Kontakt zu anderen. Bereits ab dem ersten Aufeinandertreffen von Fachkraft und Klient gilt es, ein hohes Maß an Aufmerksamkeit für verbale und nonverbale Inhalte aufzubringen.

Dies gelingt dem Schemapädagogen leichter, wenn er mit möglichst wenigen Klienten gleichzeitig arbeitet. Im Rahmen der Einzelfallhilfe lässt sich demnach am effektivsten Schemapädagogik betreiben.

Hinweise auf spezifische Schemata können beispielsweise auch verschiedene, stets wiederkehrende Verhaltenstendenzen oder gar Inhalte liefern, über die der Klient vorwiegend spricht. Wenn etwa ein Jugendlicher auffällig oft ein latent provokantes Verhalten an den Tag legt, ausschließlich über Kampfsport und Schlägereien erzählt, dann ist das eventuell ein erster Hinweis auf das Schema *Misstrauen/Missbrauch* und den dazugehörigen Bewältigungsmechanismus Überkompensation.

Der Schemapädagoge weiß natürlich, dass das Verhalten des Jugendlichen auch nur ein Test sein kann – vor allem, wenn es bei den ersten Terminen gezeigt wird. Vielleicht will der Klient nur herausfinden, wie der professionelle Helfer „tickt", und ob er verlässlich ist.

Trotzdem wird der erste Eindruck registriert. Vielleicht kommt es später zu weiteren Andeutungen, die auf dieses Schema schließen lassen (aggressive Herabsetzung anderer oder Ähnliches).

Besonders die Schemamodi des Klienten werden sensibel registriert. Hauptsächlich sie sind Gegenstand schemapädagogischen Handelns. Die maladaptiven Schemata selbst sind nur relevant bei der Sammlung von Daten über den Klienten.

In bestimmten Situationen offenbaren sich naturgemäß die in Bezug auf das soziale Miteinander kostenintensiven Modi *Ärgerliches Kind, Impulsiv- undiszipliniertes Kind, Schikanierer- und Angreifer-Modus* und *Zerstörer-/Killer- Modus*.

Aber auch die förderlichen Schemamodi werden mit an Sicherheit grenzender Wahrscheinlichkeit an manchen Tagen aktiviert, vorwiegend im Rahmen einer komplementären, freundschaftlichen Beziehungsgestaltung.

Besonders die Modi *Gesunder Erwachsener* und *Glückliches Kind* fließen demnach in die Fallanalyse ein. Zeit, Raum und Ort der entsprechenden Aktivierungen werden festgehalten.

Der Modus des *Gesunden Erwachsenen* wird in späteren Momenten, in denen der Klient mit den Kosten seines Verhaltens konfrontiert wird, hauptverantwortlich dafür sein, dass aufseiten des Betreffenden ein neuartiges Gespür für die inneren Persönlichkeitsanteile (Schemamodi) entsteht.[11]

Ohne diesen Bewusstwerdungsprozess, der im Rahmen der Klärung stattfindet, sind dauerhafte Verhaltensänderungen nicht möglich.

Beispiel: Der Schemapädagoge führt mit dem Klienten ein vertrauensvolles, informelles Gespräch. Letzterer ist offensichtlich im Modus des *Gesunden Erwachsenen*. Man ist auf derselben Ebene.

Bei ausreichend vorhandenem Beziehungskredit folgt nun der nächste Schritt: die Schemamodus-Klärung. Empathisch wird nun das Gegenüber mit seiner „anderen Seite" bekanntgemacht, das heißt mit seinem offensichtlich vorhandenen dysfunktionalen Schemamodus.

Der Schemapädagoge beschreibt hierzu eine zeitnahe Situation, in der die „andere Seite" des Klienten kostenintensives Verhalten auslöste. Vielleicht reagierte der Betreffende auf eine flapsige Bemerkung von einem guten Freund automatisch mit der Androhung von körperlicher Gewalt. Seitdem haben beide Streit, sehr zum Missfallen des Klienten.

Ein solcher Konflikt geht unter anderem auf das Konto eines bestimmten Schemamodus des Klienten, was er naturgemäß nicht wahrnimmt. Der an dem Dilemma beteiligte Schemamodus muss daher geklärt, das heißt bewusst ge-

---

[11] Der Modus *Glückliches Kind* wird beim ressourcenorientierten Arbeiten relevant.

macht werden.

Der Schemapädagoge bietet dem Klienten seine Einschätzung an, dass der Modus *Impulsiv-undiszipliniertes Kind* am Problem beteiligt ist: „Du hast Streit mit deinem Freund. Wenn dich jemand auf die Schippe nimmt, kommt der aggressive Adrian aus dir heraus, stimmt's?"

Gewöhnlich akzeptiert der Klient die Vorstellung, dass ein bestimmter Teil in ihm in einer bestimmten Situation verantwortlich für das Handeln war. Dann ist er nicht als Person daran mitschuldig.

Während solcher Klärungsgespräche mit dem Klienten benutzt der professionelle Helfer Schemamodi-Bezeichnungen, die gewissermaßen Orientierungshilfen darstellen. Schlussendlich verleiht der Klient am Ende der Klärungsphase seinem Schemamodus das passende Etikett.

Entsprechende schemapädagogische Interventionen, die generell die Schemamodi-Klärung anregen sollen, können auch so klingen:

- ➤ „Wenn dich jemand auslacht, kommt der böse Max in dir raus, oder?" (*Ärgerliches Kind*)
- ➤ „Wenn dein Vater Dinge verlangt, die du nicht tun willst, kommt der bockige Max in dir raus, nicht wahr?" (*Impulsiv-undiszipliniertes Kind*)
- ➤ „Wenn du so einen Strebertyp siehst, dann will der Mobbing-Max in dir den am liebsten ein bisschen malträtieren, oder?" (*Schikanierer- und Angreifer-Modus*)
- ➤ „Wenn der Steven deine Freundin ansieht, schaltest du um auf den Schläger-Max in dir, oder?" (*Zerstörer-/Killer-Modus*)

Solche Interventionen, die für den Anderen einen konfrontativen Charakter haben können, gelingen nur mit ausreichend vorhandenem Beziehungskredit – und wenn sie feinfühlig beziehungsweise mit etwas Humor angereichert sind.[12]

Möglicherweise werden einige solcher Versuche benötigt, um den Klienten zu einer entsprechenden objektiveren Selbstwahrnehmung zu motivieren.

Die Fachkraft schafft es irgendwann – vorwiegend in der Sprache des Klienten –, aufseiten des Anderen ein Bewusstsein für einen bestimmten

---

[12] Ähnlich wird dies auch in der sogenannten *Konfrontativen Pädagogik* praktiziert (WEIDNER & KILB 2008).

schwierigen Modus zu installieren. Ein solches Bewusstsein ist gleichzeitig auch ein *Problembewusstsein.*

Der Schemapädagoge kann mit dem Klienten auch mehrere nachteilige Schemamodi gleichzeitig bearbeiten. Für den Anfang reicht die Thematisierung eines Modus aus.

Problembewusstsein beim Klienten erwecken
Erst wenn sich Klienten ihrer kostenverursachenden Persönlichkeitsanteile (Schemamodi) bewusst sind, können sie begreifen, dass sie als *Person* auch einen gewissen Eigenanteil an bestimmten Problemen haben. Parallel hierzu wird auch die üblicherweise vorhandene externale Kausalattribuierung reduziert, das heißt die vorauseilende Auffassung „Der Andere ist schuld, wenn es Probleme gibt".

Ist ein Problembewusstsein á la „Ich habe eine problematische, kostenverursachende Seite in mir" einmal vorhanden, kann der Schemapädagoge in passenden Situationen gemeinsam mit dem Klienten vertiefend am Schemamodus-Verständnis arbeiten.

Situationen hierzu ergeben sich meistens automatisch. Anlässe können auch jüngere Ereignisse sein, bei denen der Klient gemäß seines maladaptiven Schemamodus gehandelt hat. Entsprechende Interventionen klingen beispielsweise so:

- „Na, hat der Mobbing-Max in dir in der letzten Woche wieder was verzapft?"
- „Was hat dir der Mobbing-Max dadurch eingebrockt?"
- „Seit wann gibt es den eigentlich? Der war ja nicht von Geburt an da!"
- „Der Mobbing-Max hat dich früher auch schon oft in Schwierigkeiten gebracht, gell?"
- „In welchen konkreten Situationen denkt und handelt er für dich?"

Ergeben sich aus solchen Fragen persönliche Unterhaltungen, gemeinsame Reflexionen, trägt der professionelle Helfer viel zur Klärung von maladaptiven Schemamodi bei. Dies führt auch dazu, dass der jeweilige Modus, der an vielen Problemen beteiligt ist, dem Klienten auch im Alltag präsenter ist.

Unter Umständen versteht er sogar, dass diese Persönlichkeitsfacette früher einmal gewinnbringend war, aber nunmehr für viele Konflikte verantwortlich ist.

Kommt es im Beisein des Schemapädagogen einmal zur Aktivierung eines Schemamodus, den man mit dem Klienten schon eingehend besprochen hat, ist flexible Reaktionsbereitschaft gefragt. Der professionelle Helfer kann (a) den Betreffenden mit der Schemamodus-Aktivierung entschieden konfrontieren: „Siehst du, jetzt spricht der Mobbing-Max aus dir!"

Auf der anderen Seite ist (b) ist auch eine humorvolle Intervention denkbar: „Oh nein, hier kommt Mobbing-Max!" Die Art der Intervention hängt davon ab, welche Beziehung der Schemapädagoge zum Klienten aufgebaut hat.

Der Klient soll dadurch ein Gespür für die Modus-Aktivierung und ihre Auswirkungen bekommen. Dies führt zu mehr Selbstregulationskompetenz. Aber erfahrungsgemäß lassen sich Schemamodi, wenn aktiviert, nicht von jetzt auf gleich kompetent regulieren.

Trotz des kognitiven Zugangs zur Thematik kommt es in relevanten Situationen wieder zur Auslösung des Modus. Nach einem entsprechenden „Rückfall" ist es wichtig, den Kontakt zum Klienten zu suchen. Der Schemapädagoge lässt dem Anderen zunächst Zeit, um „runterzukommen". Nun wird auf der Metaebene reflektiert und das, was geschehen ist, besprochen.

Man erzählt gemeinsam quasi über einen Dritten: über den Schemamodus. Dies entlastet das *Selbst*wertgefühl des Klienten – er wird ja nicht als Person kritisiert. Auf der anderen Seite wird der Modus Gesunder Erwachsener gestärkt und trainiert für zukünftige Auseinandersetzungen mit dem dysfunktionalen Modus.

Der Betreffende erkennt infolge der Interventionen des professionellen Helfers, dass sein Eigenanteil an bestimmten, sich stets wiederholenden Problemen sehr hoch ist. Nicht die Anderen sind „immer schuld", dass er in seiner ganz eigenen Art (über-)reagiert. Sie lösen lediglich dysfunktionale Schemamodi aus, die der Klient einmal entwickelte.

Es wird nun darauf ankommen, dass der Klient in prekären Lagen zukünftig die Aktivierung des Modus wahrnimmt, zulässt und parallel dazu inneren Abstand zum emotionalen Erleben herstellt. Erst dann ist es möglich, aus den tief eingespurten Handlungsautomatismen auszubrechen.

Unterstützung beim Transfer der erarbeiteten Lösungen in den Alltag
Sobald der Klient die Existenz eines kostenintensiven Schemamodus erkannt und akzeptiert hat, wird er vom Schemapädagogen darauf hingewiesen, dass er nunmehr alleine für die Kontrolle des jeweiligen Modus verantwortlich ist.

Die Auferlegung dieser „Bürde" wird vom Klienten eher angenommen, wenn genügend Beziehungskredit vorherrscht. (Ohnehin achtet der Schemapädagoge darauf, dass er auch weiterhin fürsorglich auf die „wunden Punkte" des Klienten eingeht.)

In dieser Phase macht es sich auch bezahlt, dass der Schemapädagoge bisher dem Klienten Modell „stand" für den Modus des *Gesunden Erwachsenen*. Der Betreffende hat dadurch erfahren, dass es grundsätzlich möglich ist, sich in brisanten Momenten „zusammenzureißen", das heißt, erfolgreich Emotionsregulation zu betreiben.

Dies macht Mut und führt gleichzeitig leicht zu dem Wunsch, dem Schemapädagogen nachzueifern. Es kommt auch vor, dass Klienten eine entsprechende Motivation entwickeln, um den professionellen Helfer, der ihnen wichtig geworden ist, nicht zu enttäuschen.

Da der Schemapädagoge wegen seiner authentischen Art und ausgeprägten Frustrationstoleranz leicht als Vaterfigur psychisch vom Klienten verinnerlicht wird, übt Ersterer selbst in Abwesenheit noch einen positiven Einfluss auf Letzteren aus. Wenn der Klienten etwa in seiner Freizeit in eine brenzlige Situation gerät, aber seinen aktivierten Schemamodus und die damit verbundenen sozial unverträglichen Verhaltensweisen unterdrücken kann, erhält die Hemmung des Automatismus schließlich einen belohnenden Charakter.

Krippe

Pädagogische Fachkräfte haben unter anderem die Aufgabe, die Familienerziehung zu unterstützen beziehungsweise zu ergänzen (MORGENSTERN 2006, 16ff.). Schon in der Frühförderung, das heißt, im Arbeitsfeld Krippe, existiert ein Betreuungs-, Bildungs- und Erziehungsauftrag (vergleiche DAMM 2010d).

Diese Tatsache war lange nicht existent. Noch vor 35–40 Jahren wurde die pädagogische Arbeit in der Krippe als zweitrangig betrachtet (VOGELSBERGER 2002, 35ff.). Theoretiker und Praktiker nahmen wie selbstverständlich an, Kleinkinder müssten „nur" gepflegt und versorgt werden. Entsprechend arbeitete über Jahrzehnte hinweg eher pflegerisch ausgebildetes Personal in Krippen als pädagogisch geschultes.

In den 1970er Jahren gab es erste Bestrebungen, die Krippe als sozialpädagogische Einrichtung zu definieren. Angeregt wurde dieser Trend von der Kleinkind-, Bindungs- und vor allem Hirnforschung.

Es wurde schnell klar, dass Babys schon ab der Geburt kompetent und wie „von selbst" eigene Lernbestrebungen vorantreiben, quasi selbstmotiviert. Das heißt im Klartext: Kleinkinder bringen – unter optimalen Bedingungen – enorme Entwicklungsleistungen auf (hierfür müssen sie entsprechend viele Anregungen vorfinden).

Infolgedessen hat das Kinder- und Jugendhilfegesetz (KJHG) vor einigen Jahren den eigenständigen Bildungs-, Erziehungs- und Betreuungsauftrag auf die Institutionen der Unter-Dreijährigen ausgeweitet.

Heute ergibt sich folgendes Bild: Krippen sind in der Regel Einrichtungen für die Unter-Dreijährigen mit einer familienergänzenden Ausrichtung. In der Regel werden Babys ab einem Alter von acht Wochen pädagogisch betreut (VOGELSBERGER 2006a, 239f.).

Es werden überwiegend Kleinkinder aufgenommen, deren Eltern die Betreuung nicht übernehmen können, zumeist aus beruflichen oder familiären Gründen. Es gibt sogenannte Liege-, Krabbel- und Laufgruppen. Aus dieser Dreiteilung ergeben sich auch spezifische pädagogische Aufgaben.

Eine „gute" Krippe hat eine besondere Ausstattung. Hierzu gehören kindgerechte Räume, anregungsreiche Spielmaterialien und eben eine professionelle sozialpädagogische Betreuung.

In Krippen findet neben den erwähnten Praktiken auch Frühförderung auf mehreren Ebenen statt. Relevant sind unter anderem die Bereiche: Motorik, Sprache, Spiel, sozial-emotionale Entwicklung, Bindung.

Entwicklungspsychologische Voraussetzungen und Aufgaben
Das Krippenalter ist in Bezug auf das Schemamodell eine der wichtigsten Entwicklungsphasen überhaupt; ein Fakt, der erst in den letzten Jahren durch die Neurowissenschaften klar herausgestellt wurde.

Kommt ein Kind nun in eine Krippe, befindet sich sein Gehirn noch in der „Rohbauphase", in der die „Feinverdrahtung" noch stattfindet. Die Gestaltung der Lebensumwelt ist daher das A und O in Hinsicht auf die Persönlichkeitsentwicklung.

Der Heranwachsende ist überwiegend „emotional offen" für soziale Lernprozesse. Die Großhirnrinde entwickelt sich erst in den ersten Lebensjahren, durch Wahrnehmung und Erfahrungen wird sie geformt. Andererseits sind die emotionalen Zentren, etwa das limbische System, im Krippenalter bereits voll funktionsfähig (ROEDIGER 2009b, 23ff.).

Sämtliche Erfahrungen, die einhergehen mit starken emotionalen Prozessen, werden infolgedessen zu „Fußabdrücken" (Gedächtnisspuren) im Gehirn. Sie werden im sogenannten impliziten Gedächtnis abgespeichert. Dies ist wahrscheinlich auch der Ort, an dem sich klassische und operante Konditionierungs- und Gewöhnungsprozesse neuronal niederschlagen. Erst ab dem 3. Lebensjahr werden Erlebnisse im sprachlich zugänglichen, expliziten Gedächtnis abgespeichert; dann erst existieren die dafür notwendigen Hirnareale.

Erlebt der Zu-Erziehende in den ersten Lebensmonaten und -jahren häufig bestimmte, sich ähnelnde Situationen, so werden dabei immer wieder dieselben Nervenzellenverbände aktiviert. Mentale Muster können so entstehen und sich neuronal „einspuren". „Gute" wie nachteilige Muster können unter Umständen ein Leben lang wirksam sein und die Beziehung zu sich selbst und zu anderen beeinflussen.

Da auch die Netzwerke der Emotionsregulation vor allem in den ersten drei Lebensjahren durch emotional relevante Erfahrungen geprägt werden, ist die Bedeutung der Arbeit, die der Schemapädagoge in der Krippe leistet, nicht hoch genug einzuschätzen.

Er kann einen förderlichen Beitrag in Hinsicht auf die Persönlichkeitsentwicklung leisten, der aufseiten des Zu-Erziehenden ein Leben lang „im Gehirn" bestehen bleibt.

Denn der Heranwachsende wird später einmal auf der Grundlage der sozialen Erfahrungen, die sich neuronal niedergeschlagen haben, sein „soziales Weltbild" konstruieren. Dies gilt im Guten wie im Schlechten. Je mehr negative soziale Erfahrungen gemacht werden, desto negativer fallen die Schemata aus, die sich infolgedessen entwickeln.

Hieraus ergeben sich wichtige Folgen in Hinsicht auf den Umgang mit Zu-Erziehenden im Arbeitsfeld Krippe:

1. Der Schemapädagoge ist im Umgang mit dem Kleinkind ein „gutes" Modell für Emotionsregulation.
2. Auf heftige (negative) Emotionsausbrüche wirkt er beruhigend, mitfühlend und souverän ein. Diese „emotionale Kommunikation" fördert die Emotionsregulation aufseiten des Zu-Erziehenden (SCHORE 2007).
3. Er sorgt für die zeitnahe Befriedigung der kindlichen Bedürfnisse, sobald sie angemeldet werden.
4. Er fördert das Spielbedürfnis des Kindes.
5. Er unterstützt die Explorationsversuche des Babys (es hat einen fast unbegrenzten „Forscherdrang").
6. Er steckt den Zu-Erziehenden in vielen emotionalen Situationen durch entsprechende Mimik und Gestik positiv an.
7. Er versucht, extreme Amygdala-Aktivierungen seitens des Säuglings zu vermeiden.
8. Er unterstützt aktiv die Entwicklung des sogenannten Ur-Vertrauens.
9. Das Kleinkind darf ausgiebig dem Prinzip „learning by doing" frönen.

Beispiel: Schemapädagogik in der Krippe[13]

Verena ist elf Monate alt und ein sehr agiles Kleinkind. Sie ist seit vier Wochen Mitglied in der „Krabbelgruppe". Die Eingewöhnungszeit betrug zwei Wochen und verlief weitgehend ohne Auffälligkeiten.

*Ihre Bezugserzieherin Christina (21) erlebt die Beziehung als sehr persönlich und vertraut. Dies zeigt sich zum Beispiel anhand des häufigen Blickkontakts und den nonverbalen und verbalen Dialogen, die beide miteinander führen (**komplementäre Beziehungsgestaltung**). Beim Wechseln der Windeln wird ausgiebig kommuniziert und gelacht (**Modus Glückliches Kind**), Verena liebt das „Kuckuck"-Spiel (**komplementäre Beziehungsgestaltung**). Christina legt viel Wert darauf, dass sie die positiven Emotionen, die Verena offenbart, sprachlich und nicht-verbal zurückspiegelt (**Förderung der Spiegelneuronen-Entwicklung**).*

Die Kleine erforscht ihre Umgebung mit allen Sinnen, ihr „Forscherdrang" führt sie in alle Ecken des Gruppenraums, über Matratzen und Podeste. Dann und wann versucht sie, Blickkontakt zu Christina herzustellen. Sobald die Erzieherin einige positive Signale sendet, kehrt Verena wieder zu ihrem Spiel zurück.

*Wenn Verena einmal weint (wenn sie sich leicht verletzt) oder schreit (weil sie Hunger hat), kümmert sich Christina zeitnah – nicht automatisch – um die Kleine (**komplementäre Beziehungsgestaltung**). Sie nimmt dann Blickkontakt auf und versucht sie zu beruhigen – was ihr meistens gelingt.*

Schemapädagogische Analyse
Es spricht sehr viel dafür, dass hier eine sichere Bindung vorliegt. Die Erzieherin baut gezielt Vertrauen auf und bleibt im Berufsalltag „verfügbar". Schemata und Schemamodi-Aktivierungen sind nicht ersichtlich beziehungsweise werden von der professionellen Fachkraft kontrolliert. Ein wichtiger Punkt: Die Erzieherin unterstützt das Spiel- beziehungsweise Explorationsbedürfnis der Kleinen.

Maria, zweieinhalb Jahre alt, besucht dieselbe Einrichtung. Sie kann schon recht sicher stehen und laufen – weshalb sie in der „Laufgruppe" ist. Maria ist in Hinsicht auf ihr Alter entwicklungsspezifisch frühreif. Aus der Gruppe sticht sie aber nicht nur deshalb heraus. Beim gemeinsamen Essen kommt es öfter vor, dass die

---

[13] Die Fallbeispiele stammen aus DAMM (2010d, 116).

Kleine ihrer Tischnachbarin mit jedem Gegenstand in Reichweite auf den Kopf schlägt *(Schikanierer- und Angreifer-Modus)*. Ein weiteres Hobby scheint es zu sein, den anderen Zu-Erziehenden Spielsachen aus den Händen zu reißen *(Modus Ärgerliches beziehungsweise Wütendes Kind)*.

Schemapädagogische Analyse

Maria kann im Unterschied zu Verena zwischen „Ich" und „den Anderen" unterscheiden. Das Ich-Bewusstsein entsteht im Durchschnitt mit eineinhalb Jahren (ROTH 2001, 385). Dann erleben sich Zu-Erziehende als eigen-willige Wesen. In dieser Phase öffnet sich ein neuronales „Fenster"; dieses ermöglicht es dem Menschen, ein soziales Wesen zu werden. Hierzu bedarf es der Einwirkung eines Erwachsenen.

In Bezug auf Maria scheint dies dringend notwendig zu sein. Ihre Verhaltensweisen – andere schlagen und Spielsachen an sich zu reißen – lassen sich mit den oben genannten Schemamodi in Verbindung bringen. Falls diese Verhaltensweisen häufig offenbart werden, muss die Erzieherin intervenieren, am besten in entsprechenden Situationen, in denen es zu den erwähnten Schemamodi-Aktivierungen kommt.

Im ersten Fall (Schikanierer- und Angreifer-Modus) kann Marias Bezugserzieherin, selbst im Modus des Gesunden Erwachsenen, mit einem entschiedenen „Nein!" dazwischen gehen. Wenn sie ausreichend Beziehungskredit durch eine komplementäre Beziehungsgestaltung hergestellt hat, wirkt eine solche Intervention erfahrungsgemäß. Sie kann geknüpft sein an eine anschließende „Ruhepause" (das Kleinkind aus der Gruppe nehmen und im Beisein der Erzieherin in einem anderen Raum zur Ruhe kommen lassen).

Im anderen Fall (Modus Ärgerliches beziehungsweise Wütendes Kind) klärt der Schemapädagoge die Situation und vermittelt zwischen den beiden Kindern, wobei die geltenden Regeln in der Kita im Modus des Gesunden Erwachsenen reflektiert werden. Positiv verstärkt werden entsprechend sozial erwünschte Verhaltensweisen durch authentisches Lob und Anerkennung.

M

Menschenkenntnis, allgemein

Menschenkenntnis ist das A und O im Berufsleben. Aber auch Selbst-Kenntnis. – Wenn sich Professionelle in Hinsicht auf ihre innerpsychischen Prozesse weitgehend im Klaren sind und sich empathisch in die Klienten einzufühlen vermögen, spricht vieles dafür, dass man auf der Beziehungsebene „etwas erreicht". Und bekanntlich geht ohne jegliche Beziehung in psychotherapeutischen und auch sozialen Berufen „nichts" (BAUER 2007a).

Auf der anderen Seite kann er (oder sie) eigene Potenziale besser erkennen sowie im Umgang mit „schwierigen" Klienten eher Sympathie erregen und gleichzeitig Antipathie vermeiden.

Doch der Umgang mit „schwierigen" Klienten ist gewissermaßen eine „berufliche Lebensaufgabe". Denn: Die meisten Klienten durchschauen die Auswirkungen ihrer eigenen Verhaltensweisen nicht, geschweige denn die Ursachen (welche ja meistens in bestimmten Schema-Aktivierungen liegen).

Das sieht man zum Beispiel schon dann, wenn es um die Klärung von Konflikten geht. Denn meistens ist es ja so, dass sich beide Parteien in der Regel gegenseitig beschuldigen und selbst keinerlei Verantwortung tragen wollen.

Extrem auffällig – beziehungsweise aus beruflicher Sicht ärgerlich – ist ein Mechanismus, der in der Psychologie „externale Kausalattribuierung" genannt wird. „External" bedeutet: „außerhalb". Und Kausalattribuierung heißt: „Ursachenzuschreibung".

Das heißt: Die Gründe für eigene fehlerhafte Verhaltensweisen, meistens unmoralische, werden vorauseilend nicht selbst verantwortet: Man schiebt die Ursache des eigenen(!) Verhaltens intuitiv auf die „Aktionen" des Anderen.

Man kann annehmen, dass dieses – wahrscheinlich evolutionär verankerte – Phänomen zunächst einmal deshalb existiert, weil es das innerpsychische System weitgehend aufrechterhält.

Dummerweise lernen die Betreffenden aus diesem Grund aber nichts aus ihren Konflikten – und es kommt regelmäßig zu „Rückfällen". Die Bearbeitung der externalen Kausalattribuierung stellt meiner Meinung nach eine der größten Aufgaben dar, die Sozialpädagogen zu bewältigen haben.

Mobbing

Hunderttausende Schüler, Arbeitsnehmer, ja sogar Familienmitglieder leiden unter Mobbing (DEINET & STURZENHECKER 2005). Mobbing hebt sich vom sogenannten Lästern ab, es ist extremer, das heißt: für das Opfer schlimmer.

Oftmals stehen Betreffende alleine da, niemand hilft ihnen. Natürlich hat nicht jeder Streit Mobbing-Charakter. Mobbing ist ein Phänomen, das sozusagen aus verschiedenen Bausteinen besteht. Die Kriterien werden erfüllt, wenn eine Person

> (a) über einen längeren Zeitraum vorsätzlich schikaniert wird,
> (b) wenn sie dadurch psychisch und/oder körperlich geschädigt wird,
> und (c) wenn der Täter dadurch einen Nutzen hat.

Kommen dieses Faktoren zusammen, kann man von Mobbing sprechen. Natürlich steht eine etablierte Mobbing-Konstellation am Ende einer längeren Entwicklung. Das spätere „Opfer" muss in der ersten Phase, in der kleine Sticheleien „probeweise" an der Tagesordnung stehen, schon (mehr oder weniger unbewusst) vermitteln: „Ich wehre mich nicht!" Dies wird in der Regel schon durch die Körpersprache kommuniziert.

Nach dieser ersten Phase schalten die „Täter" einen Gang höher. Angeheizt wird das Mobbing, sobald die unbeteiligten restlichen Gruppenmitglieder vermitteln: „Wir mischen uns nicht ein" beziehungsweise: „Wir machen passiv mit!"

Die alltäglichen Strapazen, die Sabotageaktionen der Täter sorgen dafür, dass (zu) viel Stress aufseiten des Opfers ausgelöst wird. Es kommt auch meistens zu psychosomatischen Symptomen, etwa zu Magenbeschwerden, Kopfschmerzen, Darmerkrankungen.

Das Opfer sieht keinen Ausweg mehr. Manchmal gelingt es nicht, befreundete Gruppenmitglieder erfolgreich um Hilfe zu bitten. Grund: sie wollen selbst nicht in die Schusslinie des Täters geraten.

In dieser Zeit ist das vertraute soziale Umfeld sehr wichtig. Doch in manchen Fällen bringt es kein Verständnis auf („Da musst du durch, ist halt so! Da kann man nix machen")

Das Aufwind-Programm (von Stefan Werner[14])

Täter haben großen Anteil an der Zerstörung von Lebenszielen und von Zukunftsperspektiven aufseiten unschuldiger Menschen. Im Falle von Mobbing wird dies oft unterschätzt, da man bei dieser Gewaltanwendung selten von „Opfern" beziehungsweise von „Tätern" spricht.

Ebenso werden keine „extremen" Schäden festgestellt, wie sie etwa bei der physischen Gewaltausübung beobachtet werden können. Das alles lässt Mobbing oft harmlos(er) erscheinen.

Oftmals wird Tätern die Möglichkeit zur Verhaltensveränderung durch entsprechende Präventionsprogramme zugestanden. Zurück bleiben meist die hilflosen Opfer mit ihren oft „unsichtbaren" Schäden, wie dem Auftreten von psychischen und psychosomatischen Symptomen, langwierigen Gesundheitsschäden, Verhaltens- und Einstellungsveränderungen.

Opfer von Mobbing brauchen deshalb besonderen Schutz und Stärkung, Maßnahmen zur Aufarbeitung des entstandenen Leids sowie Möglichkeiten zum Aufbau einer angemessenen Selbstbehauptung. Deshalb haben diese Opfer einen Anspruch auf Gerechtigkeit, Hilfe und Sicherheit.

Das soziale Training „Aufwind" widmet sich diesen betroffenen Kindern und Jugendlichen. Es zeigt sich klar und parteiisch für sie, unterstützt präventiv

---

[14] Stefan Werner, Jahrgang 1967, ist Sozialpädagoge (FH); er absolvierte die Zusatzausbildung „Anti-Aggressivitäts-Training" (siehe www.gewaltlos.info).

ihren Lebensbezug und soll zukünftig Schutz vor neuem Mobbing anbieten sowie die betroffenen Kinder und Jugendlichen für den Alltag stark machen.

Im Aufwind-Programm sollen das reale Opferverhalten, die entstandenen Gefühle und die festgefahrenen Kognitionen reflektiert und überarbeitet werden.

Speziell wird gearbeitet...

- am Aufbau von Abwehrstrategien gegenüber aggressivem Verhalten,
- an der Steigerung der Selbst- und Impulskontrolle,
- an den eigenen Bewertungen und Gedanken,
- an der eigenen Ausstrahlung (Körpersprache und Sprache),
- an der Stärkung des Selbstbilds,
- an der Reflexion vorhandener opferbedingender Schemata,
- an der Ressourcenorientierung und -stabilisierung,
- an der Erhöhung der Wertschätzung für sich selbst und
- an der Bewältigung von traumatischen Erlebnissen.

Das Aufwind-Training wird in vier Themenbereiche eingeteilt:

1. Ressourcen- und Kompetenzarbeit:
Das Aufwind-Programm arbeitet übergreifend ressourcenaktivierend. Die Kompetenzen der Teilnehmer sollen in den Bereichen Fähigkeiten/Fertigkeiten für Konfliktlösungen gestärkt werden. Dazu sollen verhaltensunterstützende Techniken erlernt werden, die zukünftig helfen sollen, sich angemessen gegen etikettierendes Mobbing zu wehren. Ebenso werden körpersprachliche Interventionen bei den Teilnehmern durchgeführt, sodass diese an ihrer angemessenen „Ausstrahlung" arbeiten können.

Weiterhin findet neben der Aktivierung der inneren Ressourcen auch die Aktivierung externer Unterstützungssysteme statt. Dabei werden speziell die Familie, die Schule und der Freundeskreis angesprochen.

2. „Helfender Stuhl" zur Opferreflexion:
Die Teilnehmer werden auf dem „Helfenden Stuhl" mit ihrer Opfergeschichte behutsam konfrontiert, bis sie für sich rationale Erklärungen für die Ursachen

von Mobbing erkennen, um sich dann von ihrem Opferstatus lösen zu können (Opfer-Teufelskreis).

Dabei werden schemapädagogische Interventionen durchgeführt, um vorhandene opferunterstützende Muster beeinflussen zu können (besonders die Schemata 1-9 und 12-18).

Nach der Diagnose dieser unbewussten Schemata und der Thematisierung der dahinter stehenden Bedürfnisse, wird ein zielorientierter Hilfeprozess initiiert, um ressourcenorientiert Kompetenzen zum Aufbau einer neuen Haltung zu sich und zu anfallenden Konfliktsituationen zu entwickeln.

3. Mobbingintervention in der Schule:
Bei Bedarf und nach ausdrücklichem Wunsch des Schülers reist das „Aufwind"-Team in die Schulen und geht gegen vorhandene Mobbingstrukturen vor und versucht, betroffene Lehrer zu „aktivieren", die Täter zu konfrontieren oder auch das System Schule präventiv zu beeinflussen.

4. Selbstwertarbeit:
Mit den Kindern und Jugendlichen wird selbstwertfördernd gearbeitet, um ihre Integrität und ihren Stolz wiederherzustellen.

Das Interventions- und Präventionskonzept „Aufwind" ist ganzheitlich (lebensweltbezogen) konzipiert, systemisch angelegt, prozessorientiert und zielgruppenspezifisch. Es ist auf Vernetzung hin angelegt, um bestmögliche Hilfe anbieten zu können.

Dies kann allerdings nur erreicht werden, wenn alle beteiligten Institutionen und Einrichtungen in Fällen von Gewalt gegen Kinder und Jugendliche kooperativ zusammenarbeiten. Dies beinhaltet die intensive Arbeit mit den Eltern, der Schule und anderen Institutionen.

Beispiel: Schemapädagogik bei Mobbing

Letizia (24) lebt seit sechs Jahren in Deutschland und stammt ursprünglich aus Litauen. Die deutsche Sprache beherrscht sie relativ gut, ihre Muttersprache „schimmert" entsprechend meistens durch. Sie ist eine von fünf Mitschülerinnen mit Migrationshintergrund, die die Fachschule für Sozialpädagogik besuchen.

*Der Schulbetrieb läuft drei Monate, Letizia offenbart sich als introvertierte junge Frau, die offensichtlich wenig Zugang zur Klassengemeinschaft findet (**Hinweis auf das Schema Soziale Isolation**). Sie hatte sich bereits in der ersten Schulwoche in die erste Reihe gesetzt, direkt in die Mitte.*

*Ihre Bereitschaft zur mündlichen Mitarbeit wächst. Gleichzeitig fällt dem Klassenlehrer auf, dass zwei Schüler, die in der letzten Reihe sitzen, auffällig oft grinsen und unverhohlen lästern, sobald Letizia den Mund aufmacht (**Schikanierer- und Angreifer-Modus**). Karim (19) und Stefanie (18) sind Anhänger der „linken Szene" – und sehr stolz darauf, „anders zu sein als die Masse" (**eventuell Hinweis auf das Schema Anspruchshaltung/Grandiosität**). Es kann schon mal vorkommen, dass sie den Lehrer, der sie gerade unterrichtet, mit ausufernden Diskussionen über Politik aus dem Konzept bringen (wollen) (**Image „Wir wissen mehr als du", Psychospiel „Diskussion", Schemamodus Selbsterhöher**). Der Klassenlehrer kommt den Bedürfnissen aller genannten Schüler nach. Er wertschätzt die Beiträge von Letizia offen (**komplementäre Beziehungsgestaltung**) und lobt die kritische Haltung von Karim und Stefanie, obwohl er sie innerlich nicht nachvollzieht (**komplementäre Beziehungsgestaltung**).*

*Eines Tages bekommt der Klassenlehrer einen Anruf von Letizia. Sie ist am Boden zerstört, den Tränen nahe (**Modus Verletzbares Kind**). Sie berichtet davon, dass Karim und Stefanie sie „regelrecht fertigmachen" würden. Die Lästereien würden ihr nichts ausmachen. Aber vor wenigen Tagen sei sie aus der Pause in den Klassensaal gekommen und hätte gemerkt, dass jemand auf ihren Stuhl gespuckt hätte. „Außerdem bewerfen die mich im Unterricht mit benutzten Taschentüchern!" (**Schikanierer- und Angreifer-Modus**)*

*Der Lehrer hört ihr aktiv zu und bemüht sich darum, sie zu verstehen (**Prinzip der Nachbeelterung**).*

Am nächsten Tag betritt der Klassenlehrer mit ernstem Gesichtsausdruck den Saal, zeigt stumm auf Karim, Stefanie und Letizia und gibt ihnen zu verstehen, dass alle mal nach draußen kommen sollen. Während sie dem Lehrer folgen, sagt

Stefanie zu Karim laut: „Die blöde Fotze hat gepetzt!" (**Selbsterhöher**). Während des „klärenden Gesprächs" weisen sich die Parteien gegenseitig die Schuld zu (**externale Kausalattribuierung**). Nach etwa 45 Minuten des aktiven Zuhörens und Moderierens scheinen sich die Beteiligten emotional wieder zu entspannen. Nachdem anfangs die üblichen „Floskeln" ausgetauscht wurden, kommt nunmehr zur Sprache, dass „das eigentlich gar nicht persönlich gemeint ist"; dass „eigentlich die Lehrer daran schuld sind, weil die so einen langweiligen Unterricht machen". Und ja: „Wir waren schon ein bisschen fies zu ihr." (**Modus des Gesunden Erwachsenen**). Es kommt plötzlich so etwas wie gute Laune auf, auch bei Letizia.

Der Lehrer sagt zu den beiden in genau diesem Moment: „Na, manchmal kommen schon ein bisschen der Mobber-Karim und die Mobber-Stefanie aus euch raus, stimmts?"

Karim und Stefanie bejahen dies (**Hinweis auf die Reduktion der maladaptiven Schemamodi und des Mechanismus externale Kausalattribuierung**). Der Lehrer überträgt den beiden die Verantwortung für die Kontrolle der „inneren Mobber". Gemeinsam füllen sie Schemamodus-Karten aus (siehe unten). Letztlich weist der Lehrer die beiden Mobber auf die disziplinarischen Konsequenzen hin, die er im Falle erneuten Mobbings ergreifen will. („Aber das habt ihr ja nicht nötig, ihr seid ja schlau genug, um euch zu kontrollieren!")

Schemapädagogische Analyse

Der Pädagoge offenbarte eine neutrale, aber dennoch zugewandte, freundliche Einstellung gegenüber den Schülern. Auf die Images und Psychospiele von Karim und Stefanie ging er authentisch ein, was zum Aufbau von Beziehungskredit führte. Als Letizia sich bei ihm meldete, praktizierte er bewusst das Prinzip der Nachbeelterung.

Dann folgte ein „klärendes Gespräch". Zu Beginn der Unterhaltung waren naturgemäß die maladaptiven Schemamodi aufseiten der Täter aktiv. Das ist eigentlich die Regel, sobald jemand bezichtigt wird, einen Mitschüler zu mobben. Man muss dann warten, eine neutrale Haltung offenbaren, bis sich die Abwehr von selbst reduziert. Handhabt man dies anders, erreicht man nicht den Modus des Gesunden Erwachsenen. Konfrontative Methoden zu Beginn des Gesprächs hätten vor dem Hintergrund des Schemamodus-Modells in der brisanten Situation nichts

> *gebracht. Die Mobber waren ja innerpsychisch auf Verteidigung eingestellt, sprich kognitiv und affektiv in einem Abwehrmodus. Ist ein solcher Modus aktiviert, bedeutet das: der Modus des Gesunden Erwachsenen ist inaktiv. Daraus folgt: Es kann gar keine Reflexion, keine Einsicht in das eigene problematische Verhalten stattfinden.*
> *Der Lehrer hat genau den Moment genutzt, als das „Fenster" offen, sprich der Modus des Gesunden Erwachsenen aktiviert war. Er begann dann mit der Schemamodus-Arbeit. Aus schemapädagogischer Perspektive hat er die chronologische Reihenfolge des Ablaufs eingehalten.*

N

Neurobiologie

Die große Bedeutung der ersten Bindungserfahrungen für das ganze Leben wurde vor wenigen Jahren von der Neurobiologie in vollem Umfang untermauert (etwa LEDOUX 2001; SIEGEL 2006; MORRIS 2008). Es besteht auch ein Zusammenhang zwischen bestimmten Voraussetzungen in der frühen Kindheit und den hier thematisierten Schemata. Hierzu einige Bemerkungen zur neurowissenschaftlich orientierten Säuglingsforschung.

Interessant ist: Bereits vor der Geburt bilden sich schon diejenigen Areale im Gehirn aus, die für das emotionale Erleben maßgeblich verantwortlich sind, etwa die vegetativen Zentren im Rückenmark, das Stammhirn und das limbische System.

Gleichzeitig finden auch schon Lern-, genauer gesagt, Konditionierungsprozesse statt. Selbstredend ausschließlich auf der emotionalen Ebene. Dies geschieht noch überwiegend bis zum dritten Lebensjahr, weshalb Babys und Kleinkinder entsprechend ausschließlich auf der emotional-lymbischen Ebene reagieren. (Die Emotionsregulation muss erst mithilfe einer einfühlsamen Bezugsperson erlernt werden.)

Soziale Erfahrungen und ihre Auswirkungen
Eine Verstärkung von kindlicher „Über-Emotionalität" vonseiten der Eltern, aber auch traumatische Erlebnisse können – gerade in den ersten Lebensjahren – bereits eine gewisse Hypersensibilität, -aktivität und Stressanfälligkeit begünstigen.

Insbesondere aber offenbaren sich Traumata später hinaus als Phobien. Ein extremes Beispiel: Wird ein Kind etwa gegen seinen Willen mehrmals in einen dunklen Raum gesperrt, wo es stundenlang Stress erlebt, entsteht im Gehirn eine Assoziation zwischen dieser Umgebung und dem panischen Stresserleben.

Diese (unauslöschliche) Assoziation kann sich später als sogenannte Platzangst offenbaren und den Betreffenden blitzschnell ereilen, ohne dass er dem Stresserleben etwas entgegenzusetzen hätte. (Dasselbe gilt auch für soziale Erfahrungen.)

Grund: Die *Ursachen* sind dem Betreffenden nicht bewusst, da sich erst ab dem 3. Lebensjahr die für die kognitiven Prozesse verantwortlichen Hirnareale ausbilden. Die bewusstseinsfähige, für das „Rationale" im Menschen zuständige Großhirnrinde wächst darüber hinaus sehr langsam. Die ersten sechs Lebensjahre sind relevant (ROTH 2001).

In dieser Zeitspanne „explodiert" förmlich die Anzahl der Nervenzellen im Gehirn, weil nun die „Feinverdrahtung" stattfindet, der „emotionale Rohbau" steht dann schon. Parallel hierzu nimmt „die komplexeste Struktur des Universums" alle(!) Eindrücke auf.

Die Qualitäten der frühen Beziehungserfahrungen haben daher Auswirkungen auf das ganze Leben. Sie werden aufgrund des „Schwammprinzips" nämlich zu Selbstkonzepten (etwa: „Ich bin in Ordnung!") und zu sozialen „Erwartungshaltungen" (zum Beispiel: „Andere wollen mir immer was Böses!"). Anders gesagt: zu Schemata.

Die soziale Umwelt „wandert" in das Gehirn des Heranwachsenden
Noch einmal: Das Neugeborene – und diese Tatsachen waren bis vor zwei Jahrzehnten noch gar nicht bekannt – ist extrem *weltoffen* und *kompetent*. Die stets wachsende Anzahl an Gehirnzellen saugt „wie Löschpapier" (MORRIS 2008) jede kleinste Information aus der Außenwelt auf.

Damit diese Eindrücke organisiert werden können, werden im Gehirn neuronale Verbindungen ausgebildet. Je öfter nun bestimmte Erfahrungen gemacht werden, gute wie schlechte, desto widerstandsfähiger werden diese Verbindungen; manche werden regelrecht zu „Bahnen". Das Gehirn des Säuglings passt sich so gesehen seiner Umwelt an. *Das heißt, das Gehirn „verdrahtet" sich so, wie die soziale Umwelt es vorgibt.*

Hingegen steht es um soziale Assoziationen, die wenig oder gar nicht stattfinden, sehr schlecht: sie verschwinden. Das Prinzip lautet „Use it or lose ist".

(Daher ist es auch so wichtig, dem Kind viele Anregungen zu geben, Lebenslust und Freude zu vermitteln, viele Erfahrungen zu ermöglichen, besonders positive.)

Fazit: Gemäß der sogenannten Social-brain-Hypothese (RUSSEL FERNALD) bilden sich die sozialen Erfahrungen mit dem engsten Umfeld nach und nach im Gehirn ab, sie „brennen" sich ein.

Dies geschieht insbesondere in den ersten drei Lebensjahren. Ob in dieser Zeit nachteilige Schemata entstehen, hängt vor allem davon ab, ob die negativen sozialen Erfahrungen mit starken Emotionen einhergehen. Gerade Stress-Erlebnisse im sozialen Bereich provozieren etwa Angst – und werden dann lebenslang im sogenannten Mandelkern (Amygdala) abgespeichert.

Betreffende sind dann unter Umständen fortwährend beeinträchtigt. Später hinaus können nämlich x-beliebige Situationen, die den Betreffenden „nur" emotional(!) an nachteilige kindliche Zustände erinnern, das gesamte Angsterleben wieder auslösen. Dieses Prinzip gilt gerade für schädliche Schemata.

Neurobiologie und Schemapädagogik

Diese Erkenntnisse erklären nun auch den Umstand, dass manche Klienten immer wieder dieselben Konflikte mit sich selbst und anderen erleben. Der Betreffende kennt „es" nicht anders.

Die neuronalen Netzwerke, die für die Dilemmata im Hier und Jetzt verantwortlich sind, entstanden schon sehr früh. Und sie üben nach wie vor ihren Einfluss aus.

Neue „Reize", etwa fremde Mitschüler, Lehrer usw., werden manchmal durch bestimmte Verhaltensmuster an die bereits vorhandenen (negativen) Erwartungshaltungen angepasst. In Hinsicht auf den Schulalltag heißt das: Wir Lehrer haben immer auch mal einen Schüler vor uns sitzen, der unser Erscheinungsbild, unsere Körpersprache, unsere Ermahnungen kognitiv und vor allem emotional nachteilig einschätzt, *weil er diese Phänomene mit früher gebildeten Assoziationen in Verbindung bringt, das heißt, mit bestimmten Personen.*

Sehr nachteilig ist, dass ihm dieser Zuordnungszusammenhang gar nicht bewusst ist. Sein neuronales Muster (Schema) entstand wahrscheinlich in einer noch „unbewussten Zeit".

Daher sagen manche übertriebene Reaktionen, die ein Schüler im Unterricht offenbart, eigentlich nur etwas über *seine* Persönlichkeit aus (*„Sie* [= eine wichtige Person von früher] hatten doch schon immer etwas gegen mich!").

Ohnehin lässt sich feststellen: Der Schulalltag mitsamt seinen potenziellen Schüler-Schüler- und Schüler-Lehrer-Konflikten stellt ein „passendes Projektionsfeld" dar, in dem nachteilige Schemata und Schemamodi/Rollen aus der Kindheit und Jugend jederzeit aktiviert werden können.

Und genau das passiert auch. Damit müssen wir leben, sprich, sinnvollerweise eine entsprechende schemapädagogische Perspektive entwickeln.

P

Psychotherapie

Zu den häufigsten psychischen Erkrankungen im westlichen Kulturkreis zählen, Ängste, Depressionen, Essstörungen und Persönlichkeitsstörungen. Interessanterweise leiden (wahrscheinlich) viele Hunderttausende „im Stillen", weil sie

- (a) ihre Symptome nicht als das wahrnehmen, was sie wirklich sind: nämlich als Symptome(!).
- Auf der anderen Seite (b) spielen mit Sicherheit auch Ängste vor „sozialer Blamage" mit rein, sollte man sich dahingehend „outen".

Es gibt in Deutschland diverse Therapieangebote; einige sollen im Folgenden kurz vorgestellt werden.

Psychoanalyse

Das „älteste" Therapieverfahren ist die Psychoanalyse. Sie wurde von S. FREUD begründet und versteht sich als „Rede-Kur". Es wird davon ausgegangen, dass unbewusste Konflikte zwischen verschiedenen Persönlichkeitsanteilen (Ich, Es, Über-Ich) für die aktuellen Symptome verantwortlich sind.

Die Konflikte entstehen demnach schon in der Kindheit, weshalb manche Therapeuten vor allem die ersten sechs Lebensjahre mit dem Klienten besprechen. Es gilt dann, unbewusste Widerstände (Scham, Ängste) bewusst zu machen und „kognitiv" zu widerlegen.

Gesprächspsychotherapie
Auch die Gesprächspsychotherapie versteht sich, wie der Name schon sagt, als Rede-Kur. In diesem Zusammenhang wird nun aber der Fokus auf die Potenziale des Klienten im Hier und Jetzt gelegt. Der Therapeut offenbart Empathie (Einfühlungsvermögen), Kongruenz (Authentizität) und Akzeptanz.

Er gibt aber keine Ratschläge, sondern spiegelt immer wieder dasjenige zurück, was der Klient erzählt, das heißt, an „Material" liefert.

Auf diese Weise werden dem Klienten *eigene* Lösungen für die aktuellen Probleme bewusst, die er selbst kreiert und schließlich „in der Realität" umsetzt. Dadurch sollen wiederum die Symptome gelindert beziehungsweise geheilt werden.

Die Gesprächstherapie ist angebracht bei mehr oder weniger „leichten" psychischen Erkrankungen.

Kognitive Verhaltenstherapie
Als gewinnbringend bei der Behandlung von Ängsten und Depressionen hat sich die sogenannte Kognitive Verhaltenstherapie herausgestellt. Der Therapeut hilft dem Klienten sozusagen auf zwei Ebenen. Er hilft ihm (a) dabei, irrationale Gedanken und Annahmen zu widerlegen, die am gerade aktuellen Problem immer beteiligt sind; außerdem (b) werden neuartige Verhaltensweisen ausprobiert.

Schematherapie
Ein relativ neues Therapieverfahren ist die Schematherapie. Hier werden nachteilige Lebensstile (Lebensfallen) aufgespürt und ganzheitlich behandelt. Ein „Schema" ist in diesem Zusammenhang eine „Lebensfalle". Wer etwa das Schema *Misstrauen/Missbrauch* offenbart, umgibt sich (unbewusst) überwiegend mit solchen Menschen, die ihm nicht gut tun. Die Lebensfalle ist ihm zwar nicht bewusst – er versteht nicht, wieso er „immer wieder an die Falschen gerät" –, aber sie hat ihn fest im Griff. In der Therapie werden unbewusste Konflikte, irrationale Gedanken und Verhaltensweisen behandelt. Somit ist die Schematherapie integrativ – und daher sehr effizient.

S

Schema

Bei einem Schema handelt es sich nach der Definition von YOUNG et al. (2008, 36) konkret „um

- ein weitgestecktes, umfassendes Thema oder Muster,
- das aus Erinnerungen, Emotionen, Kognitionen und Körperempfindungen besteht,
- die sich auf den Betreffenden selbst und seine Kontakte zu anderen Menschen beziehen,
- ein Muster, das in der Kindheit oder Adoleszenz entstanden ist,
- im Laufe des weiteren Lebens stärker ausgeprägt wurde und
- stark dysfunktional ist".

Wie man sieht, und darauf wird hier explizit hingewiesen, haben diese Muster mehrere Ebenen, beinhalten Erinnerungen, Emotionen, Kognitionen und Körperempfindungen – und haben außerdem einen starken Bezug zu einem frühkindlichen oder adoleszenten Thema.

YOUNG unterscheidet stark und weniger stark ausgeprägte Schemata. Im Rahmen der Schematherapie heißen sie *bedingt gültige* und *bedingungslos gültige* Schemata.

Bedingungslos gültige Schemata
Letztere Muster üben einen sehr großen Einfluss auf den Betroffenen aus. Sie steuern im Falle einer Aktivierung die psychischen und physischen Vorgänge und schränken somit die Willensfreiheit im hohen Maß ein. Der Grund: Bedingungslos gültige Schemata, etwa (a) *Verlassenheit/Instabilität* oder (b) *Misstrauen/Missbrauch,* sind sehr früh entstanden und nehmen nunmehr wegen ihres hirnphysiologischen Niederschlags einen zentralen Status im Leben des Betreffenden ein (wie sie sich konkret auswirken, sehen wir im nächsten Kapitel).

Das heißt, im ersten Fall (a) sind Betreffende während der Schema-Aktivierung wirklich davon überzeugt, dass etwa ihr Partner sie trotz zahlloser Liebesbekenntnisse verlassen wird, im zweiten (b) wird die Meinung vertreten: „Jeder will mir schaden!"

Erschwerend kommt hinzu: Klienten sind sich während der Aktivierung nicht über die innerpsychischen Vorgänge im Klaren. Sie haben aus Sicht des Umfelds „ihre fünf Minuten" (so erklären sich die Mitmenschen des Betreffenden manchmal Schema-Aktivierungen von Betreffenden). Gutes Zureden nützt rein gar nichts, selbst scheinbar überzeugende Argumente werden schemaspezifisch aufgefasst.

Es bleibt erfahrungsgemäß nicht nur bei den erwähnten „fünf Minuten". – Das Schema prägt unter Umständen die ganze Lebensphilosophie des Betreffenden, sein Verhältnis zu sich und anderen. Es kann zu folgendem Phänomen kommen: Die Mitmenschen werden dazu animiert, Verhaltensweisen zu zeigen, die den vorauseilenden schemaspezifischen Erwartungen entsprechen. Dieser Mechanismus wird in der Psychoanalyse auch *projektive Identifizierung* genannt.

Bedingt gültige Schemata
Die bedingt gültigen Muster andererseits lassen kognitiven Spielraum zu. Das heißt, der Klient kann sie infrage stellen und sogar mithilfe des Therapeuten ad absurdum führen.

Hierzu zählen zum Beispiel die Schemata (a) *Unterwerfung* und (b) *Emotionale Gehemmtheit.* Klienten können solche Muster verändern, indem sie etwa (a) lernen, ihre Unterwerfungstendenz vor dem Hintergrund ihrer Biografie zu verstehen und sie zukünftig im Alltag zu unterdrücken; auf der anderen Seite (b) kann die Wirkung des hinderlichen Musters *Emotionale Gehemmtheit* durch Rollenspiele und Training der Sozialkompetenzen im Rahmen der Therapie reduziert werden.

Schemata sind, wie oben schon erwähnt, in die neuronalen Netzwerke des Gehirns höchstwahrscheinlich „eingebrannt". Sie haben daher die Tendenz, sich selbst zu erhalten, was außerdem mit den natürlichen Gesetzen des Hirnstoffwechsels zusammenhängen könnte.

Da das Gehirn im Erwachsenenalter circa 20 Prozent des gesamten Sauerstoffbedarfs beansprucht, ist davon auszugehen, dass es aufgrund von ökonomischen Gesetzmäßigkeiten überwiegend die vorhandenen Ressourcen, das heißt die neuronalen Bahnungen nutzt, die bisher erbaut wurden.

Und zu solchen Bahnungen gehören auch die in neuronalen Netzwerken eingebrannten notdürftigen Anpassungen an die frühkindliche Umwelt, sprich die maladaptiven[15] Schemata (siehe ROTH 2003).

Die hier beschriebene Tendenz zur Schemaerhaltung führt dazu, dass Klienten stets wieder dieselben Erfahrungen machen, auch wenn es sich dabei um nachteilige handelt. Dadurch bleibt das leidige Lebensthema/Schema immer aktuell.

Auf der anderen Seite macht dieser Mechanismus die in der Therapie angestrebte Schemaheilung so schwierig. Man gibt ungern das auf, was man seit der Kindheit kennt, auch wenn es nicht „gut" ist.

Die Klienten stehen sich aufgrund ihres Widerstandes sozusagen selbst im Weg, was sie aber gar nicht selbst merken. Sie meinen, sie würden in den sich stets wiederholenden Konfliktsituationen spontan, gerechtfertigt und gemäß ihres freien Willens handeln. Doch die Wahrheit ist eine andere: Betreffende denken, fühlen und handeln letztlich genauso und nicht anders, weil ein bestimmtes Schema unangebrachtes Denken, Fühlen und Handeln provoziert.

Trotz der meistens zerstörerischen Wirkung gehören maladaptive Schemata zum Identitätsgefühl des Betreffenden.

In langjährigen klinischen Beobachtungen von Patienten stellten YOUNG et al. (2008) schließlich 18 Schemata fest; sie wurden ausführlich empirisch untersucht.

ROEDIGER (2009b, 32) hat daher die Definition von YOUNG et al. (2008)

---

[15] Im Rahmen der Schematherapie werden die Auswirkungen, die neuronalen Niederschläge der negativen Beziehungserfahrungen, als „frühe maladaptive Schemata" bezeichnet.

etwas modifiziert und folgende Übersicht (inklusive der Auflistung der Schemata) vorgeschlagen:

Nr.	Schema	Domäne	Grundbedürfnis
1.	Emotionale Vernachlässigung		
2.	Verlassenheit/Instabilität	Ablehnung und	Bindung
3.	Misstrauen/Missbrauch	Abtrennung	
4.	Soziale Isolation		
5.	Unzulänglichkeit/Scham		
6.	Erfolglosigkeit/Versagen		
7.	Abhängigkeit/Inkompetenz	Beeinträchtigung von	Kontrolle nach
8.	Verletzbarkeit	Autonomie und Leistung	Außen
9.	Verstrickung/ Unentwickeltes Selbst		
10.	Anspruchshaltung/Grandiosität	Beeinträchtigung im Umgang mit Begrenzungen	Kontrolle nach Innen
11.	Unzureichende Selbstkontrolle/Selbstdisziplin		
12.	Unterwerfung/ Unterordnung		
13.	Aufopferung	Fremdbezogenheit	Selbstwerterhöhung
14.	Streben nach Zustimmung und Anerkennung		
15.	Emotionale Gehemmtheit		
16.	Überhöhte Standards	Übertriebene Wachsamkeit und Gehemmtheit	Lust-/Unlust-Vermeidung
17.	Negatives hervorheben		
18.	Bestrafungsneigung		

Die beziehungsbezogenen Schemata in der **ersten Gruppe** sind dafür verantwortlich, dass Betreffende nur sehr schwer mit ihren Mitmenschen „warm" werden; manche erleben eine konfliktreiche Beziehung nach der anderen oder aber leben für sich zurückgezogen in ihrer Lebenswelt.

Dahinter stecken meist biografische Ursachen: Oft verlief die Kindheit im Erleben der Betroffenen schmerzhaft, war geprägt von dem Gefühl der Ablehnung. Ein abgetrenntes Erleben zu den Bezugspersonen wurde in die Psyche der Betroffenen eingebrannt und ein häufiges Gefühl von Ausgrenzung oder Ablehnung wurde und wird (heute) dadurch empfunden.

Daraufhin wird im Alltag viel unternommen, dass sich dieses Muster immer wieder „von selbst" bestätigt. Entweder verharrt der Betroffene in seinem Muster (Bestätigung) oder er versucht, durch entsprechendes Verhalten nach Kompensation und Bedürfniserfüllung dieses Musters zu widerlegen.

Bei dem Versuch der Widerlegung seiner Muster kann er dabei häufig durch unangemessene Verhaltensweisen die Tendenz zur Bestätigung der alten Muster erleben und dadurch doch wieder in die Gefühle von Einsamkeit, Ablehnung oder Abtrennung hineingedrängt werden.

In Bezug auf Gewalt kann dies bedeuten, dass sich Jugendliche über die Ausübung von Gewalt Zugehörigkeit, Freundschaft oder Einbindung (Bindung) ermöglichen wollen, andererseits aber merken, dass sie sich immer mehr ausgrenzen und durch diese bedürfnisnahen Versuche der Beziehungsförderung immer mehr vereinsamen.

Es müssen in der Bearbeitung der Schemata die Bedürfnisse erkannt werden. Die Suche nach Lösungen tut not. Es geht dann um die Frage, wie sich Zugehörigkeit, Freundschaft und Integration provozieren lassen.

In der **zweiten Gruppe** sind Schemata zusammengefasst, die für eine mangelhaft ausgeprägte Autonomie verantwortlich sind. Die Betreffenden haben in Hinsicht auf den elterlichen Einfluss Extreme erlebt: entweder haben die Bezugspersonen „zu viel" für ihr Kind getan (Stichwort: Verwöhnung); oder aber viel zu wenig (Stichwort: Vernachlässigung).

Im Zentrum der folgenden Schemata steht das Bedürfnis nach äußerer Kontrolle, um sich Versäumnisse (Neigungen) nachträglich zu erfüllen. Durch die Kontrolle der Umwelt, zum Beispiel durch das Zeigen von hilflosem Verhalten, kann das Bedürfnis nach Sicherheit befriedigt werden, da dadurch die Umwelt so reagiert, wie es sich der Betroffene erhofft (Hilfe/Nähe oder Ablehnung/Distanz).

Leider werden die zentralen Bedürfnisse aber oft nicht ausreichend durch die Aufrechterhaltung der speziellen Muster erfüllt, sodass sich ihre „alten

Frustrationen" immer wieder wiederholen.

Ebenso können die von diesen Schemata betroffenen Personen sich auch über das Ausleben von Macht ein gewisses Kontrollgefühl sichern.

Andererseits bemerken Heranwachsende aber, dass sie immer mehr Energie aufwenden müssen, um das Gefühl von Kontrolle aufrechtzuerhalten. Dies führt in der Regel in anderen Lebensbereichen zu Unsicherheit und fehlender(!) Kontrolle (unbeliebt sein) – und somit wieder zu Frustrationen und oft zu Aggressionen.

Nach unseren Erfahrungen erhärtet sich der Eindruck, dass viele gewalttätig agierende Jugendliche sich tatsächlich unsicher fühlen und durch Gewalt dieses Gefühl temporär verdrängen können. Dabei handelt es sich aber um eine Scheinlösung.

Aufgabe muss es daher sein, dem Betreffenden diesen Zusammenhang bewusst zu machen und ihm Wege aufzuzeigen, wie Sicherheit auf einer prosozialen Weise zu erzeugen ist.

Mangelhafte Selbstdisziplin, weitgehend fehlende Impulskontrolle, Egoismus, Probleme mit Autoritäten, überhöhte Ansprüche in Beziehungen – das sind zentrale Angelegenheiten bei Schemata, die in **Gruppe 3** (Beeinträchtigung im Umgang mit Begrenzungen) zu finden sind. Die Betreffenden wuchsen oft in Familien auf, die sie regelrecht verwöhnten beziehungsweise wenig forderten; Grenzen wurden so gut wie keine gesetzt (YOUNG et al. 2008, 51).

Schnell ist man von Mitmenschen frustriert, noch schneller entstehen dann Aggressionen, die aus der subjektiven Perspektive absolut sinnvoll erscheinen. Da auch, wie oben schon erwähnt, die Impulskontrolle nur rudimentär ausgebildet ist, treten aggressive Tendenzen „ungebremst" nach außen.

Die Mitmenschen werden meistens in der Art manipuliert, sodass sie verschiedene „selbstwertdienliche" Funktionen (Anerkennung) erfüllen – dadurch behält man innerlich die Kontrolle über sein Selbstwertgefühl, das heißt, über sein Inneres.

Es ist möglich, dass die Betreffenden die Mitmenschen zur Anerkennung und „Bewunderung" motivieren, und dadurch Aufmerksamkeit erregen (Schema Nr. 10), oder aber sich mittels passiver oder aggressiver Verhaltensweisen deren Einflussnahme gänzlich entziehen (Schema Nr. 11).

Menschen, die von den Schemata in der **Gruppe 4** beeinflusst sind, messen der Meinung der Mitmenschen viel zu viel Bedeutung bei. Genauer gesagt, die Bedürfnisse „der Anderen" stehen im Mittelpunkt des Alltags.

Dies eigneten sich Betreffende ungewollt ebenfalls durch bestimmte kindliche Erfahrungen an. Häufig erlebte man das Prinzip „Liebe für Leistung" (ROEDIGER 2009a, 52).

Die Betreffenden mussten es weitgehend allen „recht" machen, mussten sich an die elterlichen Erwartungen anpassen, um sich akzeptiert und gut zu fühlen (Selbstwertaufbau durch Leistung und Gehorsam).

Man kann in diesem Sinne von einer Übersozialisation sprechen. Die Auswirkungen zeigen sich entsprechend im Erwachsenenalter. Man lässt sich von den Anderen entsprechend vorauseilend dominieren oder opfert sich auf, um sich wertig zu fühlen.

In Hinsicht auf Gewalt bedeutet das zweierlei:

1. Man „schluckt" Unmut und Frust runter, um sich im Selbstwert stabil zu halten (richtet also Aggressionen gegen sich selbst, was in der Regel psychosomatische Phänomene provoziert);
2. Betreffende suchen sich manchmal Aggressionsventile, das heißt, Mitmenschen in noch schwächeren Positionen, die dann „büßen" müssen, oder entladen ihren aufgestauten Frust in einem explosionsartigen „Ausgleich" (Gewalttat oder massive Unterrichtsstörung zur Stabilität des Selbstwerts).

Eine übermäßige Unterdrückung von Emotionen und Impulsen ist ein charakteristisches Merkmal von Menschen, die die Schemata in der **Gruppe 5** offenbaren. Meistens hat dieses Merkmal Tradition, das heißt, schon früher musste man sich zu sehr und viel zu oft „zusammenreißen" und sich „kontrollieren".

Eine Auswirkung dieser Erziehungsphilosophie kann sein, dass Betreffende ihren Frust im Hier und Jetzt nicht direkt ausleben, sondern unterdrücken oder „gut dosiert" – und unter dem Deckmantel des Rationalen („Strafe muss jetzt sein, das sind die Regeln!") zeigen.

Das Thema Gewalt ist aus dieser Perspektive „kognitiver" zu behandeln, da den Betreffenden aggressive Impulse meistens nur teilweise bewusst werden. Das heißt, man kann dem Betreffenden nur sehr schwer klarmachen, dass er durch sein Verhalten sadistische Impulse befriedigt.

So können sich Jugendliche durch dieses Muster immer wieder in unangenehme emotionale Situationen bringen, die sie dazu zwingen, ihre Gefühle zu unterdrücken. Sie fallen unbewusst auf und suchen nach Reglementierung ihrer dadurch entstandenen Gefühle. So können sie sich ihre erlernten Gefühlsunterdrückungsmechanismen bestätigen.

Durch das Empfinden oder Verdrängen von unangenehmen Gefühlen kann aber auch versucht werden, sich gut zu fühlen und Lust zu empfinden. Infolge der Erduldung dieser Schemata wird viel Energie dafür verwendet, um Lust durch angenehme oder unangenehme Gefühle zu erfahren. Man bringt sich immer wieder in Situationen, die unangenehme Gefühle erzeugen, die aber nach alt bewährter Manier „gern" ausgelebt oder aber unterdrückt werden.

Schemamodus/Rolle

Ein Schemamodus steht in Zusammenhang mit einem oder mehreren Schemata. So konstatiert ROEDIGER (2009a, 43): „Die Schemata stehen im Hintergrund und treten als Modi in Erscheinung, wenn sie aktiviert werden."

Ein Schemamodus ist demnach ein gerade aktivierter Status der Persönlichkeit. Er offenbart sich als spezifischer Ich-Zustand, der verschiedene Schemata gleichzeitig repräsentieren kann (siehe unten). Im Grunde genommen weist der Ansatz Parallelen zum Persönlichkeitsmodell der Transaktionsanalyse auf (Kind-Ich, Erwachsenen-Ich, Eltern-Ich).

Ein Schemamodus beschreibt den aktuell erfahrbaren Erlebniszustand des Zu-Erziehenden, anders gesagt, seine gerade aktivierte Teil-Persönlichkeit, Rolle.

Ein Schemamodus steht häufig in Zusammenhang mit einem zugrundeliegenden Schema. Konkret gesagt: Ein oder mehrere Schemata treten durch einen spezifischen Modus konkret in *Erscheinung*. Ist ein Schüler in seiner Rolle, so ist er gedanklich und emotional „voll drin" und hat seine „fünf Minuten".

Beispiel: Das Schema *Anspruchshaltung/Grandiosität* kann sich einmal in einem wütenden, ein anderes Mal in einem verletzbaren Kindmodus offenbaren.

Das Thematisieren eines bestimmten Schemamodus stellt in der Therapie eine Erweiterung der Perspektive dar, erschafft einen neuen Blickwinkel. Modi sind nämlich gut fassbar, weil leicht zu beschreiben.

Das Modusmodell ist entsprechend „erlebnisnäher" als das Schemamodell und eignet sich daher eher zur Arbeit mit verhaltensauffälligen Jugendlichen, die im Allgemeinen (noch) nicht die nötigen kognitiven Fähigkeiten, etwa Introspektionsfähigkeit, mitbringen, um das Schemamodell zu verstehen (ROEDIGER 2009a).

Wie erwähnt, wird zwischen drei Grundkomponenten unterschieden:

1. *Kind-Modi.* Sie stellen das emotionale, spontane Erleben dar, das vor allem in den ersten Lebensjahren offenbart wurde.
2. *Innere Eltern-Modi.* Diese Persönlichkeitsfacetten beinhalten verinnerlichte elterliche Bewertungen, Normen und Regeln.
3. *(Maladaptive) Bewältigungsmodi.* Sie regulieren die Spannungen zwischen Kind- und Innere Eltern-Modi – aber sie führen gewöhnlich zu hohen Kosten.

Genannt werden muss noch der Modus des *Gesunden Erwachsenen*. Er steht stellvertretend für das rationale, selbstreflexive Bewusstsein und übernimmt im besten Fall die Organisation der anderen Modi.

In folgender Tabelle sind die wichtigsten Modi sowie ihre Auswirkungen zusammengefasst (ROEDIGER 2009a 67):

Das Modus-/ Rollenmodell umfasst...	... zeigt sich als...	Bei entsprechender Aktivierung ist die Person...
Kind-Rollen	a) *Verletzbares Kind*	... verwundbar, sensibel, emotional („Ich konnte nichts dafür!")
	b) *Ärgerliches (beziehungsweise Wütendes) Kind*	... aufgebracht, unreflektiert, sauer („WAS! Ich glaub, ich zieh dir gleich eine rein!")

	c) *Impulsiv-undiszipliniertes Kind*	... bockig, widerspenstig, aufmüpfig („Immer bin ich dran schuld!")
	d) *Glückliches Kind*	... begeistert, kontemplativ, unbekümmert, glänzend aufgelegt („Mir geht's richtig gut!")
Kompensatorische Rollen (maladaptive Bewältigungsmodi)	*Unterordnender Modus (Angepasster Unterwerfer)*	... passiv, aufmerksam, vorsichtig, vorauseilend „dienlich" („Ja, ja, ich mach ja schon.")
	Gefühlsvermeidende Rollen a) *Distanzierter Beschützer*	... rational, unnahbar, ausweichend („Wenn du nicht angefangen hättest...!")
	b) *Distanzierter Selbstberuhiger*	... emsig, aktiv (neigt auch zu Suchtmittelmissbrauch („Ich brauch ne Zigarette!")
	c) *Aggressiver Beschützer*	... vorauseilend „stachelig", feindselig („Komm mir bloß nicht zu nahe, du!")
	Überkompensierende Rollen (Übertreiber) a) *Selbsterhöher*	... denunzierend, narzisstisch, selbstverherrlichend („Ich mach dich sowas von platt, Alter!")

	b) *Schikanierer- und Angreifer-Modus*	... sadistisch, teuflisch, gewaltbereit („Du kleiner Pisser, du...")
	c) *Manipulierer, Trickser, Lügner*	... motiviert, verdeckt ein bestimmtes Ziel zu verfolgen („Ich hab wirklich gar nichts gemacht!")
	d) *Zerstörer-/Killer-Modus*	... gewalttätig, brutal, mitleids- und gewissenlos („Jetzt bist du fällig!")
	e) Zwanghafter Kontrolleur	... überkontrollierend, spaßbefreit („Was sind Sie denn für ein Sozialarbeiter?")
Nachteilige internalisierte Eltern-Modi	Innere Antreiber (nach außen und innen wirkend)	... sehr anspruchsvoll sich selbst und anderen gegenüber („Ich muss das perfekt machen!")
	Innere Bestrafer (nach innen und außen wirkend)	... geneigt, sich selbst und anderen physischen/psychischen Schaden zuzufügen („Ich bin saudumm!")
Rolle des Gesunden Erwachsenen	Gesunder Erwachsener	... selbstreflektiert, rational, reaktionsflexibel, neugierig, offen, aufnahmefähig („Lass uns darüber ordentlich reden!")

Aus dieser Perspektive zerfällt das „Ich", anders gesagt, die „Identität" der Klienten (und natürlich auch die des Sozialarbeiters) in verschiedene Rollen, Teil-Ichs.

Erfahrungsgemäß ist dieses Modell in der pädagogischen Arbeit mit „schwierigen" Klienten sehr gewinnbringend. Wenn man nämlich das Rollen-Modell im Alltag im Hinterkopf hat, so wird einem nach kurzer Zeit bewusst, durch welche äußeren Reize welche Modi aufseiten des Klienten aktiviert werden, insbesondere diejenigen Rollen, die mit Gewalt in Zusammenhang stehen.

Die Fachkraft weiß dann, auf welche „Knöpfe" sie bewusst „drücken" und welche sie konkret „nicht drücken" sollte, um die Beziehung nicht zu gefährden. Im später stattfindenden Rollengespräch (siehe unten) kann man das entsprechende Wissen dazu nutzen, um dem Klienten die relevanten Zusammenhänge aufzuzeigen, frei nach dem Prinzip „Psychoedukation".

Dieses Coaching soll dabei hilfreich sein, dass der Klient Kompetenzen aufbaut, um später hinaus im „normalen" Alltag den Gewalt-Teufelskreis durchbrechen zu können.

Im Rahmen der Schemapädagogik werden in der Regel die kostenintensiven Rollen (siehe Tabelle) aber auch direkt *bearbeitet*. Hierzu werden sie zunächst gemeinsam mit dem Klienten bewusst gemacht. Man beginnt üblicherweise mit einem Modus, der extrem auffällt.

Der Klient gibt letztlich dem jeweiligen Modus diejenige Bezeichnung, mit der er „etwas anfangen" kann; dieses „Etikett" kann dann mit dem Vornamen des Klienten verknüpft werden und muss nicht zwingend mit den oben ausgeführten Modusbezeichnungen übereinstimmen.

Das heißt, vielleicht beschreibt der Klient mit der Titulierung „der sehr leicht frustrierte Mathias" eventuell den Modus *Impulsiv-undiszipliniertes Kind*; „der böse Anteil" andererseits ist möglicherweise ein Etikett für den *Zerstörer-/Killermodus* o.Ä.

Danach werden aktuelle Probleme, Konflikte und sonstige Unstimmigkeiten mit dem jeweiligen Modus in Verbindung gebracht. Der Klient erkennt zum Beispiel den kurzfristigen Nutzen, den ein häufig aktivierter Modus wie der des *Inneren Antreibers* nach sich zieht (Höchstleistungen im Beruf), aber auch den langfristigen Nachteil (etwa Konflikte in der Ehe aufgrund von zu vielen Überstunden).

Der Klient muss danach in die Lage versetzt werden, dass er die tendenzielle Dysfunktionalität des entsprechenden Modus erkennt. „Hinter" einem maladaptiven Muster steht ja meistens der Modus des *Verletzbaren oder Glücklichen Kindes*. Diese Rollen zeigen sich durch Traurigkeit beziehungsweise durch Freude.

Am Ende der Arbeit mit den maladaptiven Schemamodi kann der Klient besser auf seine primären Bedürfnisse eingehen, die in den Kind-Modi verortet sind: „So, und jetzt will ich von dir wissen, was der emotionale Teil in dir braucht, um glücklich zu sein!" Der Modus des *Gesunden Erwachsenen* wird außerdem durch eine solche Frage entsprechend gestärkt.

Es ist sehr wichtig zu erwähnen, dass aktivierte maladaptive Modi ebenfalls – wie auch die Schemata selbst – bestimmte Erinnerungen, Emotionen, Kognitionen und Körperempfindungen von jetzt auf gleich auslösen. Das sollte der Sozialarbeiter immer bedenken.

In solchen Momenten ist dem Betreffenden die Rollen-Aktivierung mitsamt den zahlreichen Auswirkungen auf mehreren Ebenen (leider) nicht bewusst; er weiß nicht einmal, dass dieser Modus überhaupt existiert.

Eines muss klar sein: Man kann den Klienten nur in der Rolle des *Gesunden Erwachsenen* kognitiv erreichen. Daher ist die Arbeit mit charakterologisch schwierigen Klienten im Rahmen der Schemapädagogik so anspruchsvoll. – Es kann durchaus vorkommen, dass infolge von Rollen-Aktivierungen Affekte im Laufe des Gesprächs rasch wechseln, wodurch die Beziehung stark belastet werden kann.

Das heißt: Der Klient erscheint im einen Moment aggressiv (*Modus Einschüchterer*), im anderen traurig, ja geradezu hilflos (*Modus Verletzbares Kind*). Entsprechend schnell und professionell muss man dann reagieren.

Schemapädagogik, Ablauf

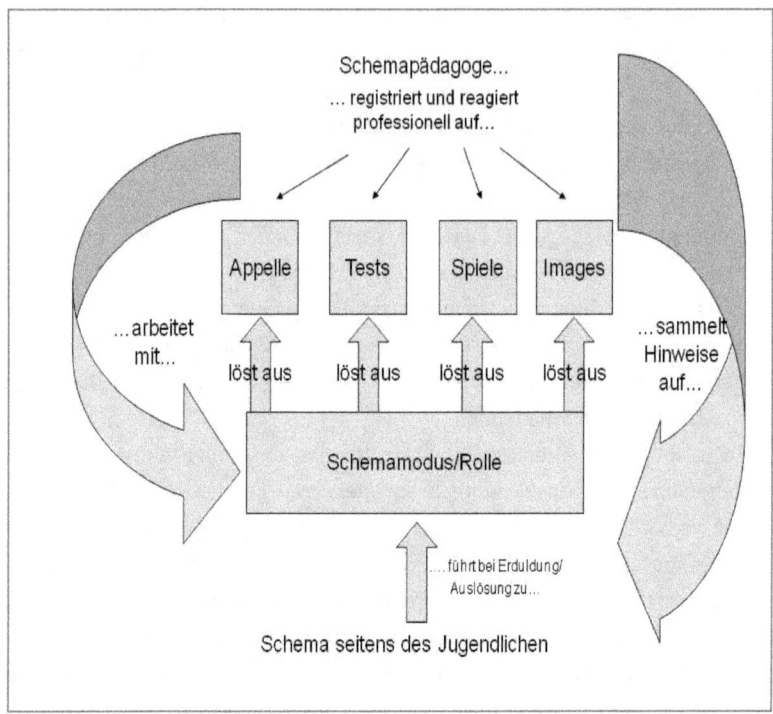

Schemapädagogik ist ein in sich stimmiges didaktisch-methodisches Konzept, und es sollte unbedingt angemerkt werden, dass die „finale Version" noch nicht vorliegt. Nichtsdestotrotz halten sich Schemapädagogen an folgenden Ablauf:

- Beobachtung,
- komplementärer Beziehungsaufbau,
- Ausbau von vorhandenen Kompetenzen,
- Problemaktualisierung,
- Problemklärung,
- Unterstützung beim Transfer der erarbeiteten Lösungen in den Alltag.

Im Folgenden werden die einzelnen Phasen konkret beschrieben.

1. Beobachtung

Beobachtung spielt in allen sozialen und auch therapeutischen Arbeitsfeldern eine sehr große Rolle (BIERHOFF 2006). Mithilfe verschiedener Kriterien wird schließlich eine „Diagnose" aufgestellt, aus der sich bestimmte didaktisch-methodische Interventionen ergeben.

Aus diesen Gründen muss der professionelle Helfer auch beachtliche Beobachtungskompetenzen vorweisen können. Jeder, der mit „schwierigen" Menschen arbeitet, muss wissen, dass auch die eigene Beobachtung/Wahrnehmung von eigenen innerpsychischen Strukturen beeinflusst werden kann – und dies hat Folgen in Hinsicht auf die Kommunikation auf der Beziehungsebene, die zwischen dem Helfer und dem Zu-Erziehenden abläuft.

Gerade etwa im Praxisfeld Schule führen Beurteilungsfehler (etwa der Rosenthal- oder Halo-Effekt) und sogenannte Abwehrmechanismen (etwa Projektion) seitens des Pädagogen zu speziellen Beziehungsstörungen (DAMM & EBERT 2011).

Schemapädagogen im Speziellen achten im vorliegenden Rahmen nun vor allem auf die **schemaspezifischen** Informationen, die gewaltbereite Jugendliche kommunizieren, bewusst und vor allem unbewusst. Entsprechende „rollengetriebene" Manipulationstechniken, genauer gesagt, Tests, Appelle, Interaktionsspiele und Images (SACHSE 2003), werden im Alltag als solche erkannt und irgendwann mit dem Klienten bearbeitet (komplementäre Beziehungsgestaltung). Im Unterschied zu anderen Anti-Gewalt-Konzepten thematisiert der Schemapädagoge parallel zu seiner „üblichen Arbeit" nach seinem Ermessen die erwähnten Auffälligkeiten, die auf der Beziehungsebene verortet sind.

Mittels humorvoll-empathischer („Jetzt testet du mich aber!") beziehungsweise konfrontativ-autoritärer Interventionen („Die Verarschernummer kannst du mit mir nicht abziehen!") versucht die Fachkraft schon in dieser Phase, aufseiten des Klienten ein Problembewusstsein anzuregen; auf der anderen Seite vermittelt man dadurch eine höchst professionelle Einstellung. Schwerpunktmäßig geht es aber zu Beginn der Zusammenarbeit darum, sich nicht in „die Welt" des Klienten ziehen zu lassen.

Außerdem sammelt der Schemapädagoge in dieser Phase Hinweise auf

Schemata und Schemamodi/Rollen, die bei dem Klienten mit an Sicherheit grenzender Wahrscheinlichkeit vorliegen. Die Schema-Diagnose ist erwiesermaßen schwieriger als die Rollen-Diagnose. In Hinsicht auf die Schema-Thematik hilft dabei die Kenntnis der einzelnen Schemata. Ein sehr großer Vorteil ergibt sich zweifellos dann, wenn die Voraussetzungen vorliegen, mit dem einen oder anderen Jugendlichen einen Schemafragebogen auszufüllen (siehe Anhang). Dies ist aber nur zu empfehlen, wenn zuvor erfolgreich eine stabile Arbeitsbeziehung aufgebaut wurde.

Am Ende der Beobachtungsphase steht die Reflexion und – Deutung der Daten. Auf welches Schema/welche Schemata verweisen die gezeigten Appelle, Tests, Images usw.? Und die wichtigste Frage muss geklärt werden: Welche Grundbedürfnisse wurden unbewusst mittels der typischen Manipulationstechniken kommuniziert.

Diese Fragen müssen beantwortet werden. Denn: Die komplementäre Beziehungsgestaltung (nächster Punkt) setzt direkt an den diagnostizierten Bedürfnissen an.

2. Komplementäre Beziehungsgestaltung

Die Bedeutung des Beziehungsaufbaus im Rahmen sozialpädagogischer Arbeit ist unermesslich groß. Man kann lapidar sagen: Fehlt die Beziehungsbasis völlig, „geht nix". Man erreicht dann die Klienten nicht emotional, und es existiert keine Motivation zur Zusammenarbeit, geschweige denn zu jedweder Art von Verhaltensänderung. Das wissen Sozialpädagogen wie auch Dozenten, die in entsprechenden Ausbildungsstätten wirken.

Der „Klassiker" der Beziehungsgestaltung heißt – wenn es um die *Gestaltung* von Beziehungen geht – CARL ROGERS (1972/1999). Er ist einer der Mitbegründer der sogenannten Humanistischen Psychologie. Die von ihm konzipierten „idealen" Eigenschaften eines Gesprächspsychotherapeuten heißen: Empathie (Einfühlungsvermögen), Kongruenz (Ehrlichkeit) und Akzeptanz.

Mithilfe dieser drei Variablen sollen die auch Beziehungsgrundlagen in den Praxisfeldern der Sozialen Arbeit und Sozialpädagogik gelegt werden.

Leider sind die im Rahmen der hier thematisierten schemaorientierten Psychotherapien relevanten Manipulationstechniken seitens des Klienten in allen sozialpädagogischen Helferberufen in der Regel gänzlich unbekannt. Dies ist sehr schade, da diese tief schichtigen Verhaltensauffälligkeiten bekanntermaßen massive Beziehungsstörungen auf den Plan rufen, auch im sozialpädagogischen Alltag.

Im Klartext: Es reicht manchmal nicht, lediglich eine humanistische Einstellung zu offenbaren. Denn gerade „schwierige" Klienten nehmen uns Fachkräfte nicht objektiv, sondern subjektiv verzerrt wahr, besonders zu Beginn der Zusammenarbeit. – Außerdem kann es schnell zur Aktivierung von problematischen Rollen kommen – und dann steht die Beziehungsgestaltung gänzlich auf tönernen Füßen.

Denn der Andere will uns (unbewusst) infolge der Aktivierung von negativen Erwartungsmustern in eine bestimmte Ecke drängen. Wir sollen(!) etwa mittels eines Manipulationsversuchs negativ reagieren, damit sich die nachteilige Erwartung des Jugendlichen erfüllt („Ich wusste es, Herr X ist ein Spast!"); und der Betreffende ist dahingehend sehr professionell, ein „Champion". Daher braucht es tiefenpsychologische Fähigkeiten und entsprechende diagnostische Kompetenzen.

Wenn wir in Fortbildungen entsprechende Manipulationen (Appelle, Tests, Psychospiele und Images) infolge von Rollen-Aktivierungen thematisieren, so kommen den meisten Pädagogen sofort entsprechende Situationen in den Sinn, wo sie dem Zu-Erziehenden „auf dem Leim gegangen" sind, nichts dagegen tun konnten.

Diesbezüglich besteht also tiefenpsychologischer Aufklärungsbedarf. Schemapädagogik vereinigt daher entsprechende „Einzelbeobachtungen" und ermöglicht so die Konstruktion eines spezifischeren Klientenmodells, da die Persönlichkeit des Betreffenden sozusagen pädagogisch-psychologisch erfasst wird.

Das heißt, Schemapädagogen konzentrieren sich also in erster Linie auf die Beziehungsgestaltung und bleiben im Alltag offen und achtsam. Mittels der Vermittlung von Anerkennung, Toleranz, Respekt usw. soll „Beziehungskredit" (Vertrauen, Sympathie) aufgebaut werden.

Gleichzeitig werden etwaige Manipulationstechniken im Falle einer Rollen-Aktivierung („Assi-Kevin") stets erkannt und sofort oder später auf der Sachebene mit dem Klienten bearbeitet, sowohl humorvoll-empathisch als auch konfrontativ-autoritär.

Und weiter: Gezielt werden Themen aus der Erfahrungswelt der Jugendlichen angesprochen, mit denen der Betreffende positive Emotionen assoziiert. Im Prinzip kann das jede x-beliebige Angelegenheit sein (Hobbys, Musik, Fußball usw.). Trifft man „den Nagel" auf den Kopf, versetzt man den Heranwachsenden immer wieder in den Modus *Glückliches Kind*, was man dann anhand der gezeigten positiven Mimik und Gestik schnell erkennt.

Die Folge: Mehr und mehr wird der Pädagoge als gleichberechtigte Person wahrgenommen, als „cooler Typ", etwas salopp gesagt. Gelingt dieses Unternehmen, merkt man schnell, der Zu-Erziehende ist bei entsprechenden Gesprächen und auch später hinaus öfter „auf Augenhöhe", so ziemlich „normal", reflektiert, einsichtig, sogar nett und charmant.

Vor dem Hintergrund der Schemapädagogik heißt das nichts anderes als: Der Jugendliche befindet sich gerade in der Rolle des *Gesunden Erwachsenen*. – Pädagogen müssen sich darüber im Klaren sein: *Man erreicht jugendliche Gewalttäter nur in dieser Rolle.* Wenn diese Rolle aktiviert ist, kann man etwas erreichen. Aber man muss sich darüber im Klaren sein: Schon Minuten später kann es passieren, dass eine andere Rolle aktiviert wird, etwa durch eine flapsige Bemerkung eines anderen Jugendlichen.

3. Ausbau von vorhandenen Kompetenzen

Das Thema „Ausbau von vorhandenen Ressourcen" scheint in Hinblick auf gewaltbereite Jugendliche auf manche Fachkräfte zunächst befremdlich zu wirken. Tatsächlich ist es so, dass sich so mancher Pädagoge recht schwer damit tut, an der hier thematisierten Klientel positive Seiten oder gar Potenziale wahrzunehmen, besonders wenn man gerade wieder mal „die alte Leier" mitkriegt („Na, Kevin, hab gehört, dass es am Wochenende wieder mal in der Stadt gekracht hat").

Die meisten Jugendlichen, mit denen man zusammenarbeitet, provozieren geradezu Frustrations-Aggressionen seitens des Sozialarbeiters. Dieser Punkt soll hier gar nicht unter den Teppich gekehrt werden. Sicherlich ist er in vielen Ausbildungsinstituten ein Tabu – existent ist er dann und wann trotzdem.

Wem es häufig so ergeht (wie eben beschrieben), sollte sich in den entsprechenden Momenten konkret bewusst machen, dass die Klienten nicht „so" auf die Welt gekommen sind. Die meisten der Heranwachsenden mussten seit ihrer Kindheit jahrelang in sehr schwierigen sozialen Verhältnissen leben. Entsprechend „unvorteilhaft" hat sich dies auf die Hirnentwicklung ausgewirkt.

Die Probleme im Hier und Jetzt sind aus dieser Perspektive nichts andere als Phänomene, die der Betreffende „kennt". Unsere Aufgabe ist es ja, die zum Teil nachteiligen Selbst-, Beziehungs- und Wirklichkeitskonstruktionen von gewaltbereiten Jugendlichen zu erweitern oder ein Stück weit zu modifizieren.

Auch „persönliche" verbale Angriffe gegen den Pädagogen sind meistens gar nicht persönlich gemeint. Infolge einer Rollen-Aktivierung würde es jeden anderen an unserer Stelle auch treffen. Verantwortlich dafür sind schließlich nur die innerpsychischen Strukturen des Betreffenden.

Wie gehen Schemapädagogen nun weiterhin vor? Mithilfe einer komplementären Beziehungsgestaltung „bugsiert" der Pädagoge den Jugendlichen zunächst häufig in den Modus des *Gesunden Erwachsenen*. Die sich daraufhin ergebenden Gespräche auf Augenhöhe werden dazu genutzt, die Potenziale des Heranwachsenden zu fördern.

Gleichzeitig bemüht sich der Schemapädagoge um eine entsprechende „soziale Vernetzung". Das heißt, er motiviert den Jugendlichen etwa dazu, einem Kampfsport- oder Fußballverein beizutreten, seine Musikstücke einer Plattenfirma anzubieten, verschiedene Angebote der Stadtverwaltung oder Volkshochschule wahrzunehmen usw.

Dies fördert einerseits den Modus des Gesunden Erwachsenen, andererseits erfährt der Betreffende auch Anerkennung innerhalb einer Gruppe, wenn er sozial vernetzt wird.

4. Problemaktualisierung

Gelingt die komplementäre Beziehungsgestaltung, wird der Pädagoge nicht (mehr) oder nur selten zur Zielscheibe von Manipulationen beziehungsweise Schemamodi-Aktivierungen (dann werden auch die in Punkt 5 beschriebenen schemapädagogischen Methoden angewendet).

Der Jugendliche „explodiert" irgendwann „nur" in Richtung seiner Altersgenossen. Dies zieht aus Sicht der Fachkraft viele Vorteile nach sich. Kommt es nämlich zu einer bestimmten Rollen-Aktivierung, die sich gegen einen Anderen aus der Gruppe richtet, kann der Schemapädagoge von außen intervenieren, neue Daten sammeln und sich dadurch ein genaueres Bild von seinem „schwierigen" Fall machen.

Natürlich muss der Schemapädagoge im Falle einer Rollen-Aktivierung reagieren. Schwierig zu bewerkstelligen sind solche Situationen, da kognitiv gesehen der „Rollladen" während der Aktivierung unten ist. Man erreicht den Jugendlichen nur noch sehr schwer auf der Sachebene, weil er emotional und kognitiv in seinem „alten Film" ist.

Glücklicherweise gilt die Faustformel: *Je mehr Beziehungskredit zwischen dem Schemapädagogen und dem Betreffenden vorherrscht, desto mehr Konfrontationsbereitschaft kann offenbart werden.* (Daher gilt ja auch die komplementäre Beziehungsgestaltung als „Königsweg zur Sympathie".)

Es ist nur sinnvoll, den Jugendlichen, der „seine fünf Minuten" hatte, „runterkommen" zu lassen. Während der Schemamodus-Aktivierung machen konfrontative Methoden in der Regel keinen Sinn – es sei denn, es herrscht wirklich viel Beziehungskredit vor.

Nachdem eine Rollen-Aktivierung „abgeklungen" ist, wird der Jugendliche gezielt in den Modus des *Gesunden Erwachsenen* „bugsiert". Der Schemapädagoge beweist hierbei Einfallsreichtum. Einfühlsam und „väterlich" muss er auf jeden Fall erscheinen, gerade dann, wenn er vom Anderen quasi als Vertrauensperson (Vaterfigur) wahrgenommen wird.

5. Problemklärung

Ergibt sich mit dem Jugendlichen, der zuvor „austickte", einige Minuten oder Stunden später ein vertrauensvolles Gespräch ohne(!) Vorwürfe, bei dem der Pädagoge authentisch und akzeptierend versucht, den Grund für das „Ausflippen" herauszufinden, so wird diese Unterhaltung konkret ausgenutzt, um den Klienten (didaktisch-reduziert) in das Rollenmodell einzuführen.

Dies ist die Grundlage für die spätere Selbstkontrolle des Betreffenden. Es geht also gar nicht um die genaue Benennung des frustrierten Grundbedürfnisses, sondern um die Einführung in das rollengetriebene Fehlverhalten.

Das Schemamodus-Gespräch

Sobald der Klient feststellt beziehungsweise zugibt, dass er „vorhin ein bisschen ausgeflippt" ist, „manchmal halt austickt", „manchmal so ein Arschloch sein kann" usw., reagiert der Schemapädagoge sofort, nutzt den „goldenen Moment".

Nun wird dem unliebsamen, kostenintensiven Geschehen eine konkrete „Gestalt" verliehen, das heißt, eine **Rolle**. Die Fachkraft sensibilisiert den Jugendlichen für ein, zwei schwierige Rollen (Schemamodi), die bei ihm manchmal relevant sind, etwa so:

> „Ja, Kevin, manchmal kommt der Aggro-Kevin aus dir raus, ist so!"
> „Kevin, so wie du jetzt gerade bist – klasse! Und wenn der Mobber-Kevin aus dir spricht, dann finde ich das nicht mehr so gut!"

Solche Sätze sollten humorvoll-empathisch formuliert werden, schließlich sind sie im wahrsten Sinne des Wortes „neu", außerdem haben sie einen latent konfrontativen Charakter. Übrigens: Es ist wichtig, dass der Schemapädagoge „nachsetzt", sollte sich der Jugendliche herausreden wollen (passiert beim ersten Versuch erfahrungsgemäß häufig).

Die Vorteile des Schemamodus-Gesprächs liegen hauptsächlich darin, (a) dass der Jugendliche nun schrittweise mehr Selbstkenntnis entwickelt, (b) seinen „fünf Minuten" eine gewisse Struktur, sprich: Gestalt verleihen kann, (c) und die „Schuld" für den Ausraster gewissermaßen teilweise *abtreten* kann.

Der letztere Aspekt klingt zunächst paradox. Aber wir haben die Erfahrung gemacht, dass gewaltbereite Jugendliche lieber einem „Dritten" die Schuld in die Schuhe schieben, als die Möglichkeit in Betracht zu ziehen, sie als *Person* wären für ihre Ausraster verantwortlich. Natürlich ist der „Aggro-" oder „Mobber-Kevin" ein Teil der eigenen(!) Persönlichkeit.

Doch während des Rollen-Gesprächs ist der Betreffende im Modus des *Gesunden Erwachsenen* – und er hat währenddessen nur wenig bis gar kein Bewusstsein von dem problematischen Verhalten, das im Falle einer Rollen-Aktivierung auftritt, es ist ihm kognitiv weniger präsent. In dieser Hinsicht muss Aufklärungsarbeit geleistet werden.

Noch einmal: Der Sozialarbeiter und der Betreffende reden so gesehen während dieses Rollen-Gesprächs über einen „Dritten", über eine Gestalt – die faktisch auch zur Persönlichkeit des gewaltbereiten Jugendlichen gehört.

Dies entlastet das Gewissen und umgeht die übliche Abwehr („Ich hab doch gar nichts gemacht!"). Mithilfe des Schemamodus-(Rollen-)Gesprächs wird eine neue Vertrauensbasis erschaffen, Intimität, Beziehungskredit.

Bereits bei der ersten Rollen-Unterhaltung sollten auch die bisherigen Erfahrungen mit und die Tragweite, Auswirkungen von entsprechenden Schemamodi-Aktivierungen thematisiert werden, zum Beispiel so:

> „Der Aggro-Kevin kam ja schon öfter raus; kannst du mir mal ein paar Beispiele nennen?"
> „Kam der Mobber-Kevin auch im vorherigen Schuljahr mal aus dir raus?"

Erfahrungsgemäß berichten die Jugendlichen dann von entsprechenden Erlebnissen, wobei gewisse Aha-Erlebnisse nicht ausbleiben.

Das erste Rollen-Gespräch sollte einen einführenden Charakter haben. Vielleicht ergibt es sich, dass man gemeinsam ein Abkommen trifft: „Hör mal, Kevin, wenn in den nächsten Tagen der Aggro- oder Mobber-Kevin aktiv werden, gebe ich dir ein Zeichen – und du reißt dich am Riemen okay?"

Wie so ein Zeichen aussieht, bleibt dem Einfallsreichtum des Schemapädagogen überlassen. Wir sagen zum Beispiel infolge einer Rollen-Aktivierung laut den Namen des Betreffenden und beginnen mitzuzählen: „Kevin – eins!" „Unser" Kevin versteht dann schon.

Wenn wir trotz „guter Vorsätze" bei fünf Rollenaktivierungen angelangt sind, muss Kevin etwa den Raum verlassen o.Ä. Die Konsequenz wird natürlich vorher mit dem Jugendlichen gemeinsam beschlossen – und weil er während des Rollen-Gesprächs im Modus des Gesunden Erwachsenen ist, wird er „mitziehen", weil er den Pädagogen „mag", „cool findet" usw.

Natürlich werden Erfolge, sprich: erfolgreiche Selbstkontrollversuche vom Schemapädagogen bemerkt und zeitnah positiv verstärkt: „Kevin – super, heute hast du den Aggro-Kevin unter Kontrolle gehabt, weiter so!"

Stühlearbeit
Das Schemamodus-Gespräch ist vor dem Hintergrund der Schemapädagogik lediglich eine niedrig schwellige Anfangsintervention, quasi die „Pflicht". Die „Kür" (in Hinsicht auf die „Einpflanzung" eines Problembewusstseins) stellt die sogenannte *Stühlearbeit* dar; sie ist eine etablierte Methode in der sogenannten *Gestalttherapie*.

Diese Übung wird auch im Rahmen der Schematherapie (ROEDIGER

2009a) und Klärungsorientierten Psychotherapie (SACHSE et al. 2008) praktiziert. Sie kann auch in der sozialpädagogischen und schulischen Arbeit zum Einsatz kommen.

Während dieser Übung, die in der Regel unter vier Augen in einer ruhigen Atmosphäre durchgeführt wird, schlüpft der Pädagoge quasi in die problematische Rolle des Zu-Erziehenden und demonstriert diesem die irrationalen Auswirkungen (emotionale, kognitive, verbale). Eigentlich überflüssig zu erwähnen, dass der Heranwachsende vor (und bestenfalls während) der Übung gerade im Modus des *Gesunden Erwachsenen* sein muss, denn sonst findet keinerlei Selbsterkenntnis statt, vielmehr wird wieder die unvermeidliche innerpsychische Abwehr aktiviert.

Für diese Übung braucht man einen dritten (leeren) Stuhl. Man erklärt dem Jugendlichen, dass man ihm etwas zeigen, genauer gesagt, ihm den „Aggro-Kevin", „Mobber-Kevin" usw. etwas „nahebringen" möchte. Der Heranwachsende soll das, was jetzt gleich kommt, nur auf sich wirken lassen, nicht reagieren. Daraufhin wechselt der Schemapädagoge den Platz. Sobald der Schemapädagoge auf dem dritten Stuhl Platz nimmt, *wird er zum „Aggro-Kevin" beziehungsweise „Mobber-Kevin"* (nur eine Rolle wird thematisiert).

Bestmöglich imitiert der Pädagoge nun für kurze Zeit die Rolle, die seitens des Jugendlichen schon häufig aktiviert wurde. Es ist wichtig, dabei die entsprechende Mimik und Gestik einfließen zu lassen.

Wer entsprechend schauspielerisches Talent hat und die Rollenübernahme weitgehend passend hinbekommt, sollte eine professionelle Vorstellung mit einem hohen emotionalen Anteil hinlegen. Eher introvertierte Pädagogen imitieren den Zu-Erziehenden eben gemäß ihrer Persönlichkeitsstruktur.

Die typischen Sprüche, die der Jugendliche im Falle der Rollen-Aktivierung loslässt, müssen unbedingt erwähnt werden. Die dürfen dann ruhig (wie gewohnt) unter die Gürtellinie gehen. Der Schemapädagoge präsentiert etwa die TOP-10-Entgleisungen.

Dann erhebt sich der Pädagoge, switcht um in den Modus des Gesunden Erwachsenen und konfrontiert den Betreffenden mit seiner Rolle, etwa so:

> ➢ „Kevin, genau so geht der Aggro-Kevin ab – wie siehst du das?"
> ➢ „Wie würdest du dich da als Lehrer/Sozialarbeiter fühlen?"

> „Und da wunderst du dich noch, dass alle Angst vor dem Aggro-Kevin in dir haben?"

Diese Interventionen sollten in der Regel einen konfrontativen Charakter haben, sollte genug Beziehungskredit vorliegen. Das heißt, (a) der Sozialarbeiter wirft eine ordentliche Portion Affekt in sein Auftreten, (b) zeigt sich offensichtlich betroffen und verärgert, (c) setzt den Heranwachsenden auch unter Druck, indem er viel Raum in Anspruch nimmt. Nun wird „auf Augenhöhe" diskutiert, Vor- und Nachteile der Rolle thematisiert. Ganz wichtig: Es sollten diejenigen Situationen klar werden, die meistens zur Auslösung des „Aggro-Kevins" führen.

Mittels der Stühlearbeit soll seitens des Jugendlichen zweierlei angeregt werden: Selbsterkenntnis und ein reflexives Schuldbewusstsein.

Am Ende der Stühlearbeit sollte wieder Beziehungskredit aufgebaut werden, schließlich ist die Übung für den Heranwachsenden unter Umständen sehr belastend. Vor allem dann, wenn eine vertrauensvolle, freundschaftliche Beziehung zum Pädagogen vorliegt.

Das heißt, der Sozialpädagoge spricht vor der Verabschiedung Themen an, die seitens des Jugendlichen leicht den Modus des *Glücklichen Kindes* auslösen („So, Kevin, genug Kritik am Aggro-Kevin geübt, was geht am Wochenende? Hast du ein Fußballspiel?").

6. Unterstützung beim Transfer der Lösungen in den Alltag

Sowohl das Schemamodus-Gespräch als auch die Stühlearbeit sollen dazu beitragen, dass gewaltbereite Jugendliche schrittweise den Selbstanteil kennenlernen, den sie an den sich stets wiederholenden Problemen mit sich selbst und anderen zweifellos haben. Ohne diese „Erkenntnis" ist der Ausbruch aus dem Teufelskreis der Gewalt aus schemapädagogischer Perspektive nicht möglich.

Aus Sicht des Heranwachsenden ist das „Sich-zusammen-Reißen" eine sehr schwere Aufgabe, da er immer wieder in Situationen gerät, die seine speziellen Rollen auslösen. *Der Schemapädagoge motiviert den Betreffenden parallel zu den Interventionen zu mehr Selbstkontrolle.*

Es geht nicht darum, die Rollen zu „löschen", das ist unmöglich: schließlich sind sie ja neuronal verortet. Der Jugendliche muss es „nur" schaffen, dem ersten Impuls zu Beginn einer Schemamodus-Aktivierung zu widerstehen und eine neuartige, prosoziale Verhaltensweise auszuführen.

Der Schemapädagoge greift auf drei Interventionen zurück, die dem Jugendlichen helfen sollen, aus seinem „Verhaltensteufelskreis" auszubrechen:

> Der Schemapädagoge schließt einen mündlichen Vertrag mit dem Heranwachsenden.
> Gemeinsam wird ein Rollen-Memo ausgefüllt.
> Der Schemapädagoge erteilt „Hausaufgaben".

Der mündliche Vertrag

Einen „mündlichen Vertrag" kann man nach einem Rollen-Gespräch oder nach der Stühlearbeit „aushandeln". Der Schemapädagoge nimmt den Jugendlichen in die Pflicht (etwa: „Kevin, morgen im Unterricht kontrollierst du den Aggro-Kevin – egal was passiert). In Hinsicht auf den Inhalt des „mündlichen Vertrags" ist Flexibilität gefragt. Währenddessen sollte immer wieder auf die positiven Aspekte der Persönlichkeit des Betreffenden hingewiesen werden („Kevin, du weißt, du bist ein cooler Typ, ich verlass mich auf dich!").

Ein symbolischer Handschlag rundet die „Vertragsverhandlung" ab und unterstreicht noch einmal die grundsätzlich positive Arbeitsbeziehung.

Das Rollen-Memo

Das Rollen-Memo unterstützt ebenfalls das kognitive Training. Einleiten kann man in das Thema zum Beispiel so: „Kevin, wir füllen jetzt mal eine Erinnerungskarte aus." Gemeinsam wird das Memo dann ausgefüllt, und zwar vorwiegend in der Sprache des Schülers. Der Betreffende bekommt es danach ausgehändigt. Die Karte hat gegebenenfalls ein passendes Format. Das heißt, der Jugendliche sollte sie bei sich führen können, etwa in der Geldbörse.

Das Memo besteht aus vier Teilen. Es beinhaltet (1.) eine relevante Schemamodus-auslösende Situation, (2.) den „Aha-Effekt", (3.) das bewusste Erleben der gerade aktivierten Teilpersönlichkeit und (4.) die „Lösung" (Verhaltensänderung).

Beispiel: Folgendes Schema wurde von „Thomas" (17 Jahre) formuliert. Es geht um das Problem: Mobbing.

> Die Erinnerungskarte von Thomas
>
> **1. Benennen einer Situation, in der ich andere „disse"**
> „Wenn ich Schüler X nur sehe, das ist ein Streber!"
>
> **2. Erkennen der aktivierten Teil-Persönlichkeit**
> „Ich weiß, dann sprich der Mobber-Thomas aus mir, er hat das schon öfter gemacht."
>
> **3. Anerkennen des unangepassten Denkens und Realitätsprüfung**
> „Schüler X kann nix dafür, dass er ein Strebertyp ist, es ist mein Problem, dass ich ihn nicht leiden kann. Es gibt viele Strebertypen."
>
> **4. Trennen vom alten und Festigung des neuen Verhaltens**
> „Meistens habe ich solche Mitschüler immer gleich gemobbt. Jetzt versuche ich, den Mobber-Thomas zu kontrollieren. Ich lenke mich irgendwie ab, konzentriere mich auf den Unterricht."

Hausaufgaben
Unter Umständen kann es sich auch anbieten, dass der Schemapädagoge eine „Hausaufgabe" erteilt. Der Jugendliche soll seine „Aggro-Rolle" bei diesem oder jenem Ereignis kontrollieren.

Steht etwa am nächsten Wochenende ein Ereignis an, das viele Auslöser für Rollen-Aktivierungen mit sich bringt, etwa ein Konzert oder ein Volksfest, so füllt der Schemapädagoge mit dem Jugendlichen ein „Hausaufgaben-Blatt" aus.

Erfahrungsgemäß lassen sich gewaltbereite Jugendliche auf die hier beschriebenen Interventionen ein – sobald genug Beziehungskredit besteht.

Schemapädagogik im Klassenzimmer, allgemein

„Schwierige" Schüler gab es schon immer. Doch Statistiken belegen einen steten Anstieg von verhaltensauffälligen Kindern und Jugendlichen in den letzten Jahren (BAUER 2007). Lehrer sind heutzutage mehr denn je gefordert. Pädagogisch-psychologische Kompetenzen können entsprechend Abhilfe schaffen.

Schemapädagogik ist ein innovativer neuer Ansatz, der dabei helfen soll, Unterrichts- und Beziehungsstörungen zwischen Schülern und Schülern und Schülern und Lehrern tiefgründiger zu verstehen und zu verbessern.

Schemapädagogik basiert auf den sogenannten schemaorientierten Psychotherapien: Kognitive Therapie, Schematherapie (YOUNG et al. 2008) und Klärungsorientierte Psychotherapie (SACHSE 2003). Es wird davon ausgegangen, dass zwischenmenschliche Probleme durch nachteilige innerpsychische Muster (Schemata) verursacht werden, die einen biografischen Hintergrund haben.

Schemapädagogen wollen mithilfe einer speziellen (komplementären) Beziehungsgestaltung, sowie der Thematisierung von nachteiligen Persönlichkeitsfacetten (Schemamodi) und der Unterstützung beim Transfer der Lösungen in den Alltag solche dysfunktionalen Muster dauerhaft verändern. Ziel ist die Minimierung der Störungen im Unterricht.

Phase 1: Beobachtung

Schemapädagogen sind im Unterricht in der Regel stets aufmerksam und vor allem *präsent*. Sie nehmen Aspekte der Gruppendynamik und Kommunikationsprozesse zwischen den Schülerinnen und Schülern wahr.

Auf der anderen Seite haben sie ein Gespür für etwaige *Tests* („Na, Herr X, heute scheiße drauf?!"), *Psychospiele* („Wir verweigern heute die Klassenarbeit!"), *Appelle* („Nie erklären Sie uns was!?) und *Images* („Am Wochenende habe ich drei Tore beim Fußball geschossen!").

Die Lehrkraft geht sensibel und sehr bewusst mit solchen Phänomenen um. Gerade schwierige Schülerinnen und Schüler, die ihre Klassenkameraden und/oder den Unterricht beeinträchtigen, werden beobachtet.

Es geht vor allem darum, Hinweise auf verschiedene nachteilige Schemata (Lebensmuster) und Schemamodi (Persönlichkeitsfacetten) festzustellen. Mit den Schemamodi wird später zwischen „Tür und Angel", aber auch im „Alltagsgeschäft" gearbeitet („Na, war vorhin dein innerer Mobber-Thomas aktiv?").

Der Schüler lernt dadurch eine bestimmte „schwierige" Persönlichkeitsfacette kennen, die er unbewusst hat, und erwirbt einen konstruktiven Umgang mit ihr. Über kurz oder lang wird er sich selbst bestenfalls in brisanten Momenten „zurückhalten" können und nicht mehr sein problematisches Verhalten zeigen.

Um dies zu erreichen, ist es seitens der Lehrkraft notwendig, Aspekte der Lebenswirklichkeit der „normalen" und „schwierigen" Schüler zu registrieren. Aufrichtiges Interesse an den Hobbys der Schüler kann schon ausreichen, um „Beziehungskredit" (= Vertrauen und Respekt) aufzubauen, aber natürlich muss man sich auch komplementär (passend) zur Motivebene der Heranwachsenden verhalten, um auf Grundbedürfnisse wie Anerkennung, Solidarität usw. eingehen zu können.

Merke: Auch „schwierige" Schüler zeigen sozial erwünschtes Verhalten – wenn sie eine als positiv empfundene Beziehung zur Lehrkraft haben.

Phase 2: Komplementärer Beziehungsaufbau

Die Schüler dort abholen, wo sie stehen – dieser pädagogische Grundsatz sollte auch in Hinsicht auf die Beziehungsgestaltung gelten. Bekanntlich ist der Lehrerberuf vor allem ein „Beziehungsberuf" – was im Referendariat nach meiner Erfahrung viel zu wenig berücksichtigt wird.

Schnell erspüren die Heranwachsenden die Persönlichkeit der Lehrkraft und machen sich ihren „ersten Eindruck". Schemapädagogen sind daher flexibel. Sie verkörpern bewusst *verschiedene* „Lehrerrollen"; sie sind „Freund", „Erzieher" und „Führer" gleichermaßen und offenbaren die Rollen, wenn sie angebracht sind.

Die *Rollenvielfalt* sollte bereits zu Beginn des Schuljahres vermittelt werden, und zwar am besten in der genannten Reihenfolge. Ein zu autoritäres Auftreten führt schnell dazu, dass die Heranwachsenden ihre „alten" Strategien (Spiele, Images, Appelle) ausprobieren, die sie im Umgang mit ähnlich strukturierten Lehrern erworben haben. Und das bedeutet nichts anderes als Stress.

Der wichtigste Punkt aber ist: Schemapädagogen passend sich den verschiedenen Grundbedürfnissen/Motiven an, die die Heranwachsenden offen oder (öfter der Fall) verdeckt kommunizieren. Nach SACHSE (2003) handelt es sich hierbei um Anerkennung/Akzeptierung, Wichtigkeit, Verlässlichkeit, Solidarität, Autonomie, Grenzen/Territorialität.

Schemapädagogen erlernen nach und nach ein gewisses Fingerspitzengefühl dafür, welche Bedürfnis des Schülers – ihm unbewusst – gerade im Vordergrund steht und passen ihr Verhalten an.

Die jeweilige Anpassung führt zur Steigerung des Beziehungskredits und somit gleichzeitig zur Reduktion von Verhaltensauffälligkeiten und Unterrichtsstörungen. Selbst „harte Brocken" halten sich zurück, wenn sie die Lehrkraft als „Person" wahrnehmen. Noch besser für die Zusammenarbeit ist es, wenn eine sogenannte positive Übertragung seitens der Heranwachsenden aktiviert wird. Infolge dieses Phänomens wird die Lehrkraft als „gutes Elternbild" wahrgenommen und das eigene Verhalten entsprechend ausgerichtet.

Umgekehrt wirkt sich die Frustration des gerade aktuellen Bedürfnisses, etwa durch Sarkasmus, in der Regel sehr destruktiv aus. Vielleicht wird dadurch ein nachteiliges Schema direkt ausgelöst – und dann hat man richtig Stress, denn dann wird man in der Regel als „böses Elternbild" gesehen.

Phase 3: Problembewusstsein beim Schüler erschaffen
Die Kenntnis über verschiedene Wahrnehmungsfehler (Projektion, externale Kausalattribuierung usw.) haben Schemapädagogen im Hinterkopf. Solche Prozesse tragen dazu bei, dass „normale" und insbesondere „schwierige" Schüler den Eigenanteil an Konflikten beziehungsweise Unterrichtsstörungen im Alltag nicht sehen (wollen). Automatisch wird der Andere (auch der Lehrer) für Unstimmigkeiten verantwortlich gemacht.

Schemapädagogen können diesen Teufelskreis durchbrechen, und zwar mithilfe der komplementären Beziehungsgestaltung. Alleine schon die Anpassung an die Motivebene sorgt für die Reduktion von störenden Verhaltensweisen, der Lehrer wird ja nicht mehr als „Spiel-Objekt" wahrgenommen, sondern ein Stück weit als „cooler Typ", der die Sprache der Schüler sprechen kann, Humor hat und die Heranwachsenden respektiert.

Dies ist aber gewissermaßen nur die „halbe Miete". „Schwierige" Schüler unterdrücken ihre problematischen Schemamodi (Persönlichkeitsfacetten) erfahrungsgemäß nur bei den Lehrern, die sie mögen. Außerhalb des Unterrichts kommt es daher immer wieder zu „Rückfällen" in altbekannte Verhaltensmuster.

Daher muss der „schwierige" Schüler im Laufe des Schuljahres ein Bewusstsein von seinen „Schattenseiten" entwickeln, damit er lernt, mit ihnen konstruktiv umzugehen. Erst wenn er weiß, dass in ihm ein „Manipulierer", „Mobber" usw. „steckt", wird ihm bewusst, dass er als Person auch hin und wieder Stress *macht*, genauer gesagt, maßgeblich dafür verantwortlich ist.

Schüler machen in der hier skizzierten Arbeitsphase, die die wichtigste ist, nur dann „mit", wenn ausreichend Beziehungskredit vorherrscht. Ist dies der Fall, bringt der Schemapädagoge empathisch-humorvoll das Thema Schemamodi (Persönlichkeitsfacette) zur Sprache.

Zuvor hat die Lehrkraft natürlich ausreichend beobachtet, Daten gesammelt und problematische Verhaltensweisen mit „inneren Persönlichkeiten" des Heranwachsenden etikettiert.

Schüler etwa, die gerne Schwächere mobben, fühlen sich schnell ertappt und müssen entsprechend, den Blick zu Boden gerichtet, grinsen, wenn der Schemapädagoge sagt: „Na, Timo, manchmal kommt schon so ein kleiner Mobbing-Timo in dir raus, gell?" („Mobbing-Timo" steht stellvertretend für den sogenannten *Schikanierer- und Angreifer-Modus*, siehe auch DAMM 2010b).

Begreift der Schüler, dass er eine konfliktauslösende Persönlichkeitsfacette „in sich" hat, beginnt die Arbeit mit diesem Schemamodus. Das kann während oder abseits des Alltagsgeschäfts geschehen. In relevanten Situationen kann etwa ein kurzes Gespräch geführt werden.

Es reicht auch unter Umständen schon eine Bemerkung (unter vier Augen) aus, um erfolgreich zu intervenieren, etwa: „Timo, in meinem Unterricht heute lässt du den Mobbing-Timo aber raus, okay?"

Natürlich sollte die Lehrkraft sämtliche erfolgreichen Versuche des „Zusammenreißens" daraufhin positiv verstärken, etwa durch Lob.

Auf der anderen Seite ergeben sich auch konfrontative Methoden zum Umgang mit nachteiligen Schemamodi im Unterricht, zum Beispiel: „TIMO! Ich hab die Nase voll von deinem Mobber-Timo! Letzte Chance!" Doch solche Sätze sollten nur formuliert werden, wenn ausreichend Beziehungskredit besteht.

Phase 4: Unterstützung beim Transfer der erarbeiteten Lösungen in den Alltag

Für Schüler ist es erfahrungsgemäß sehr schwierig, die neuen Erkenntnisse über einige Teil-Persönlichkeiten in den zukünftigen Unterrichtsalltag zu integrieren. Der Schemapädagoge unterstützt den Heranwachsenden hierbei. Natürlich sollten nicht mehrere Schemamodi thematisiert werden, das überfordert den Betreffenden. Sinnvollerweise beschränkt man sich auf die Arbeit mit ein, zwei problematischen Persönlichkeitsfacetten.

Neben den kurzen Gesprächen über entsprechende „Teil-Ichs" kann auch ein sogenanntes Schemamodus-Memo erstellt werden. Es beinhaltet relevante Situationen, in denen eine problematische Persönlichkeitsfacette ausgelöst wird, deren Folgen sowie den konstruktiven Umgang, der angestrebt wird.

Ziele

Schemapädagogik verfolgt im Praxisfeld Schule verschiedene Ziele:

- **Förderung der Selbstkompetenz des Lehrers** (welche Schemata und Schemamodi liegen vor und welche Auswirkungen haben sie auf die eigene Außenwirkung?).
- **Prävention des „Ausbrennens" (Burn-out)**.
- **Herstellung einer tragfähigen Arbeitsbeziehung**.
- **Reduktion von Unterrichtsstörungen/Verhaltensauffälligkeiten**.
- **Förderung der Selbst- und Sozialkompetenz der Schüler** (über den Unterricht hinausgehend).

Beispiel

*Jens (15) ist Schüler im BVJ. Er trägt „Glatze", Bomberjacke, Springerstiefel mit weißen Schnürsenkeln, aber auch noch andere Kleidungsstücke, die auf seine politische Gesinnung schließen lassen (**Image „Ich bin anders", eventuell Hinweis auf das Schema Streben nach Zustimmung und Anerkennung**).*

*Jens ist „rechts" – was ihn zum Außenseiter in seiner Klasse macht (= **Spielgewinn für ihn**).*

Dies ist kein Zufall, denn die Klasse besteht etwa zur einen Hälfte aus Jugendlichen, die in Sachen Politik extremes Desinteresse offenbaren. Die andere Hälfte besteht aus Schülerinnen und Schülern mit Migrationshintergrund.

*Diese „Ausgangslage" zu Schuljahresbeginn beinhaltet einiges an Zündstoff, und Herr X, der Klassenlehrer, hat schon nach dem ersten Schultag kein gutes Gefühl, wenn er an Jens denkt (**Modus des Gesunden Erwachsenen**).*

*Eines Tages laufen sich die beiden während der Pause auf dem Schulhof über den Weg. Herr X grüßt ihn freundlich (und versucht dabei, authentisch zu wirken) (**komplementäre Beziehungsgestaltung**). Sie machen kurz Smalltalk, und dann sagt Jens: „Wissen Sie, Sie sehen aus wie Derek aus Generation X! [eine Milieu-Studie über Neonazis in den USA]" (**Beziehungsangebot, Test „Finden Sie mich jetzt immer noch sympathisch?"**) – „Echt?", antwortet der Pädagoge, „Das hat mir bis jetzt noch keiner gesagt." (**komplementäre Beziehungsgestaltung im Ansatz**)*

*Die ersten Wochen verlaufen ohne Konflikte. Dann aber, als der Fachlehrer in Sozialkunde das Thema „Rechtsextremismus und Drittes Reich" behandelt, kommt es erst zu verbalen, dann zu handfesten Konflikten zwischen Jens und einem Mitschüler mit Migrationshintergrund (**Grund: Auslösung von maladaptiven Schemata**). Der Fachlehrer berichtet Herrn X, dass auch die Begriffe „Arier", „Kanaken" und „Hitler" gefallen wären.*

*Daraufhin findet ein Gespräch zwischen dem Klassenlehrer und Jens statt. Bevor die Unterhaltung beginnt, grinst Jens von „oben herab" (**Modus Selbsterhöher**). „Du weißt ja, was jetzt kommt, Jens, kennst du ja schon, ne?" – „Ja!"*

*Der Lehrer erwähnt zunächst einige erfreuliche Momente des laufenden Schuljahres, die sie beide erlebt haben (etwa Gespräche über Fußball und über die Heimatstadt von Jens) (**Aufbau von Beziehungskredit**).*

Dann erklärt er dem Heranwachsenden, dass er Diskriminierung in seiner Klasse

nicht dulde („Das geht gar nicht!") *(konfrontative Intervention)*. Außerdem zählt der Pädagoge die vielen Schattenseiten des Rassismus auf und erzählt von eigenen Erfahrungen als Opfer *(Modus des Gesunden Erwachsenen)*.
Jens ist unbeeindruckt und meint, er wäre „stolzer Deutscher" und außerdem Mitglied in einem „Club". Die „Jungs" dort wären auch „stolze Deutsche" – und man würde gegen „die Anderen" zusammenhalten. Ob Herr X nicht genauso dächte? *(= Beziehungsangebot)*
Nun ist Lehrer X unbeeindruckt und sagt: „Weißt du, Jens, du bist echt ein netter Kerl – und manchmal spricht so ein Nazi-Jens aus dir!" *(Versuch einer Einführung in die Schemamodus-Arbeit)* Diese Intervention fruchtet nicht, Jens verlässt unvermittelt den Raum („Sie immer mit Ihrem Psycho-Scheiß") *(Modus Aggressiver Beschützer)*.
Ein paar Tage später sieht Lehrer X vier junge Türken in der Raucherecke stehen. Sie sind offensichtlich keine Schüler an der Institution. Der Pädagoge bekommt mit, dass die Gruppe auf der Suche nach Jens ist, um „ihm einen Denkzettel" zu verpassen *(Zerstörer- und Killer-Modus)*.
Der Lehrer verweist die Jugendlichen vom Schulgelände. In der darauffolgenden Stunde wird Jens vom Klassenlehrer über die Absichten der jungen Migranten informiert. An diesem Tag schlägt der Schüler einen anderen Weg nach Hause ein.
Am nächsten Tag verabreden sich Lehrer X und Jens zu einem weiteren Termin. Sie füllen ein Schemamodus-Memo aus.
Bis zum Ende des Schuljahres gibt es keine weiteren Konflikte in der Klasse.

Schemapädagogische Analyse

Jens eckt durch seine „rechte Einstellung" schnell bei seinen Klassenkameraden, aber auch bei einigen Lehrern an. Alleine schon seine Kleidung macht ihn zum Außenseiter in der Klasse.
Dieser Prozess ist dem Schüler wahrscheinlich wohlbekannt, und er tut auch nichts dagegen. In dieser Rolle scheint er sich wohlzufühlen.
Beim ersten „richtigen" Kontakt mit dem Schüler gibt sich Lehrer X offen und freundlich, obwohl er auf den ersten Blick die politische Gesinnung des Jugendlichen erkennt. Jens „testet" unbewusst den Pädagogen, als er erwähnt, dass jener ihn an eine Figur in einem Film über Rechtsradikale erinnern würde. Der Lehrer erkennt den Test als solchen und verkneift sich eine pseudo-pädagogische Inter-

vention wie: „Also Jens, das ist ja eine Frechheit von dir!" Hätte er sich zu so einer Reaktion hinreißen lassen, so wäre der Beziehungsaufbau nunmehr sehr schwer machbar gewesen.

In den ersten Wochen kommt es zu keinerlei Auslösungen von maladaptiven Schemamodi. Doch die Dinge ändern sich schlagartig, als ein „sensibles" Thema in Sozialkunde behandelt wird (Drittes Reich). Jens provoziert „altbekannte" Konflikte.

Lehrer X muss intervenieren. Im persönlichen Gespräch bemüht er sich zunächst um den Beziehungsaufbau und konfrontiert den Heranwachsenden daraufhin mit den Kosten seiner Einstellung. Jens versucht demgegenüber, den Lehrer auf seine Seite zu ziehen („Denken Sie nicht genauso?"), was misslingt.

Das Gespräch endet unbefriedigend („Sie immer mit Ihrem Psycho-Scheiß!").

Doch der Lehrer bekommt noch einmal eine Chance, die Schemamodus-Arbeit zu platzieren, als er Jens vor einer Gruppe junger Türken warnt. Der Junge lässt sich auf die Zusammenarbeit ein.

Das Ergebnis: Es kommt zu keinen weiteren Konflikten im Schuljahr. Man kann im Rückblick davon ausgehen, dass der Heranwachsende seinen „inneren Neonazi" kontrolliert hat, um seinem „Lehrer des Vertrauens" einen Gefallen zu tun.

Eine Hand wäscht bekanntlich die andere.

Fazit: Aus schemapädagogischer Sicht hat der Lehrer professionell gehandelt; und er sorgte mit seinen Interventionen dafür, dass der Unterrichtsbetrieb nicht weiter gestört wurde.

Die Erinnerungskarte von Jens

1. Benennen einer Situation, in der der kleine „Nazi-Jens" in mir hochkommt
„Wenn im Unterricht bestimmte Themen behandelt werden!"

2. Erkennen der aktivierten Teil-Persönlichkeit
„Dann kommt der innere Patriot heraus und will seine Meinung dazu abgeben".

3. Anerkennen des unangepassten Denkens und Realitätsprüfung
„Mein innerer Patriot klingt manchmal rassistisch und verletzend!"

4. Trennen vom alten und Festigung des neuen Verhaltens
„Ich werde meinen inneren Patrioten kontrollieren, wenn es wieder zu Situationen kommt, in denen er sich meldet. Ich schau dann aus dem Fenster."

Schematherapie (ST)

Der US-amerikanische Psychotherapeut JEFFREY E. YOUNG (1990; 1999) ist der Begründer der Schematherapie. Sie stellt eine Erweiterung der Kognitiven Verhaltenstherapie dar (YOUNG wurde am Forschungsinstitut für Kognitive Therapie von BECK ausgebildet).

Die Schematherapie ist eine schulenübergreifende Konzeption und wird, wie oben schon erwähnt, zur dritten Welle der Verhaltenstherapie gezählt (wie auch die Klärungsorientierte Psychotherapie).

YOUNGs Ansatz bezieht Aspekte der Verhaltenstherapie, Neurobiologie, Kognitiven Therapie, Bindungstheorie, Gestalttherapie und der psychodynamischen Therapie mit ein.

In Deutschland erfährt der Ansatz immer mehr Popularität, was sicherlich auch mit der in Fachkreisen bekannten Forderung von GRAWE (2004) zusammenhängt, den Schema-Begriff in die von ihm angeregte Allgemeine Psychotherapie mit einzubeziehen.

Der Psychiater ECKHARD ROEDIGER (2009a und b; 2010) unterstützt die Verbreitung im deutschsprachigen Raum sehr intensiv. Er veröffentlichte hierzulande den ersten Beitrag zur Schematherapie und bereicherte sie um einige Erweiterungen.

Ferner bezog er die Schematherapie auf das von GRAWE entwickelte integrative Therapieverständnis.

Schematherapie wird unter anderem bei Angststörungen, Abhängigkeitserkrankungen, Beziehungsproblemen, Depression und Persönlichkeitsstörungen (insbesondere Narzisstische- und Borderline-Persönlichkeitsstörungen) angewendet.

Auch in diesem Konzept geht es selbstredend um die Veränderung von dysfunktionalen (hier: maladaptiven[16]) Schemata.

Man geht davon aus, dass maladaptive Schemata durch schädliche oder spezifische Kindheitserlebnisse entstehen, etwa durch Vernachlässigung, elterliche Verstärkung von charakterologischen Auffälligkeiten.

– Dauerhafte Frustrationserfahrungen in Hinsicht auf die menschlichen Grundbedürfnisse (Bindung, Fürsorge, Anerkennung) gehören ebenso in diesen Kontext wie auch die sogenannten Fixierungen; sie entstehen durch die übertriebene Befriedigung eines oder mehrerer Grundbedürfnisse.

So kann zum Beispiel das kindliche Bedürfnis nach einer sicheren Bindung von Beziehungspersonen derart aufmerksam verfolgt werden, sodass der Heranwachsende gar keinen oder nur wenig Freiraum erfährt, sondern mit „Liebe" geradezu überschüttet wird. Gleichzeitig wird dadurch das Bedürfnis nach Autonomie unterdrückt.

Auf diese Weise kann möglicherweise ein Schema wie *Abhängigkeit/Dependenz* entstehen, was dazu führt, dass spätere Beziehungen des Betreffenden einmal spezifisch beeinflusst werden (solche Personen wirken eventuell sehr hilfsbedürftig oder geradewegs hilflos).

Im Gegensatz zur Klärungsorientierten Psychotherapie und Kognitiven Therapie bezieht sich der Schematherapeut in Hinsicht auf die Existenz von maladaptiven Schemata auf eine bereits bestehende Schemaliste.

Diese Tabelle umfasst 18 maladaptive Muster, die von YOUNG et al. (2005) in eigenen Forschungsprojekten gefunden, empirisch überprüft und ausführlich beschrieben wurden. Sie stehen unter anderem im Zusammenhang mit Persönlichkeitsstilen beziehungsweise Persönlichkeitsstörungen.

Ein Schema besteht vor diesem Hintergrund aus Erinnerungen, Emotionen, Kognitionen und Körperempfindungen und beeinflusst, wenn es durch bekannte Situationen aktiviert wird, die Beziehung des Betroffenen zu sich selbst und zu seinen Mitmenschen. (Davon geht man auch in der Klärungsorientierten Psychotherapie aus.)

Klienten können aber auch, das hat die Praxis gezeigt, verschiedene Schemata gleichzeitig offenbaren. Im Alltag kommt es dann entsprechend zu rasch wechselnden Bewältigungsreaktionen. Im Rahmen dieses Konzeptes werden

---

[16] Im Rahmen der Schematherapie werden die Auswirkungen, die neuronalen Niederschläge der negativen Beziehungserfahrungen als „frühe maladaptive Schemata" bezeichnet.

diese Zustände *Schema-Modi* genannt.

Wenn Kinder oder Jugendliche maladaptive Schemata ausprägen (müssen), dann lernen sie auch gleichzeitig, mit ihnen umzugehen. Die Kompetenz, sich an schwierige Umgebungen anzupassen, ist wahrscheinlich evolutionären Ursprungs.

Spezielle angeborene Bewältigungsstrategien kommen infolge der Schema-Ausprägung zum Tragen: Vermeidung, Erduldung und/oder Kompensation. Diese Strategien werden von Betroffenen bereits im Kindesalter offenbart – was auch, nebenbei erwähnt, Auswirkungen auf das Schemapädagogik-Konzept hat.

Die Krux an den eigentlich sinnstiftenden Bewältigungsmechanismen ist, dass diese (aus Sicht des gesunden Menschenverstandes) extremen Verhaltensweisen auch noch im Erwachsenenalter in bestimmten Situationen gezeigt werden. Sie sind dann *völlig* unangemessen und verursachen nur Kosten.

Man kann sich trotz ihrer Nachteile nicht von ihnen lösen, da das zugrundeliegende Schema neuronal tief eingesenkt ist. Kompensation, Sich-Fügen, Vermeidung waren früher im Umgang mit einer bestimmten Person vielleicht sinnvoll, nunmehr aber sind sie bedeutungslos geworden beziehungsweise für den Betreffenden sehr nachteilig.

Er reagiert auch gegenüber Mitmenschen, die lediglich sein Schema auslösen, so übertrieben, wie dies früher der Fall war.

Beispiel: Ein Kind wird von einer wichtigen Bezugsperson über einen längeren Zeitraum hinweg regelmäßig erniedrigt und gemobbt. Infolgedessen wird reflexartig das Schema *Misstrauen/Missbrauch* ausgeprägt.

Jahre später, wenn aus dem Kind ein Erwachsener wurde, kann es nun zu folgendem Phänomen kommen: In jeder Situation, die vergangenen, riskanten Konstellationen ähnelt – vielleicht wird der Betreffende von seinem Lehrer mit einem bestimmten Tonfall kritisiert –, kommt es zu unangemessenen Wutausbrüchen, die an das aufbrausende Verhalten eines Dreijährigen erinnern.

Diese basieren dann auf dem erlernten Bewältigungsmechanismus Kompensation. Nun verhält es sich aber fatalerweise so, dass in solchen Situationen weder die Lehrkräfte noch betreffende Schüler das Geschehen verstehen, geschweige denn erklären können. Was passiert gewöhnlich?

Im Normalfall erhält der Schüler für seine Reaktion einen Tadel, der aber nicht einmal, lapidar gesagt, am zugrundeliegenden Schema „kratzt". Daher kommt es immer wieder zu ähnlichen Situationen, ohne dass die Beteiligten das Geschehen verstehen, sie sind ihm geradezu ausgeliefert.

Wie geht man im Rahmen der Schematherapie nun professionell vor? Zunächst geht es um Diagnostik und Edukation (Aufklärungsarbeit).

In dieser ersten Phase wird mit dem Klienten zu Beginn der Therapie unter anderem das Schema-Modell erörtert. Gleichzeitig regt der Therapeut die Herstellung eine vertrauensvolle Beziehung an, die vor allem durch einen wertschätzenden Umgang gewährleistet wird.

Die aktuellen Probleme des Klienten werden vor dem Hintergrund des Schema-Modells gemeinsam analysiert. Mithilfe von erlebnisorientierten Methoden (Imaginationsübungen) werden verschiedene maladaptive Schemata, die vorher gemeinsam diagnostiziert wurden, ausgelöst, insbesondere emotional.

Dies führt unter Umständen zu sehr starken Emotionen, und das ist beabsichtigt. Noch innerhalb der jeweiligen emotionsaktivierenden Sitzung übernimmt der Therapeut die sogenannte *Nachbeelterung*, die auch als *begrenzte elterliche Fürsorge* bezeichnet wird. Auf diese Weise unterstützt er nachträglich die Schemaheilung.

Denn nur durch positive Erfahrungen, die direkt am Schema orientiert sind und in der Regel konträr zu den Erfahrungen in der Kindheit und Jugend liegen, kann Schemaheilung stattfinden. Ähnlich sehen dies auch SACHSE et al. (2009).

Schematherapeuten müssen außerdem eine Balance zwischen elterlicher Fürsorge und Grenzsetzung (*empathische Konfrontation*) herstellen, weil sie vom Klienten latent, vor allem zu Beginn der Therapie, als Elternobjekt wahrgenommen werden (*Übertragung*).

Klienten lernen im Laufe der Therapie auch, wie sie selbst durch Mentalisierung an der Problemklärung mitarbeiten können.

Am Ende dieser ersten Phase (Diagnostik und Edukation) wird die Fallkonzeption erstellt, sie ist konkret auf die Probleme des Klienten bezogen. In der zweiten Therapiephase stehen die systematische Verhaltensänderung und die damit einhergehende Schemaheilung im Vordergrund.

Vorbereitet wird das anspruchsvolle Unternehmen insbesondere durch die spezifische Förderung des Klienten in Bezug auf (a) Achtsamkeit und (b) die Fähigkeit, sich von seinen Gefühlen zu distanzieren.

Außerdem wird der Klient dazu motiviert, im Falle von Schema-Aktivierungen im Alltag innere Dialoge zu führen. Hierzu hat ROEDIGER (2009a), in Anlehnung an das *Schemamemo* (siehe unten), das sogenannte B-E-A-T-E-Prinzip entworfen.

Es besteht aus den Teilschritten: Benennen, Erkennen, Anerkennen, Trennen, Einbrennen.

Weitere Elemente, die der Verhaltensänderung dienen und entsprechend eingesetzt werden, sind: Dialoge auf Stühlen, populäre kognitive Methoden, das eben schon erwähnte Schema-Memo, Rollenspiele, Hausaufgaben, Tagebuch.

In folgender Übersicht ist der Ablauf einer Schematherapie noch einmal grob zusammengefasst (ROEDIGER 2009b, 92):

> 1. **Diagnostik- und Klärungsphase**: Therapeut und Klient identifizieren gemeinsam maladaptive Schemata und Modi. Im Zentrum steht dabei auch der Beziehungsaufbau. Die Grundlagen der Schematherapie werden vermittelt, Therapieziele erörtert. Zum Einsatz kommen auch die sogenannten Schema-Fragebögen, die der Diagnostik hilfreich sind. Erlebnisaktivierende Techniken können schon eingesetzt werden. Am Ende dieser Phase wird das Fallkonzept erstellt.
> 2. **Veränderungsphase**: Der Klient wird dazu animiert, Verhaltensveränderungen selbst durchzuführen. Unterstützt wird diese Phase durch erlebnisaktivierende, kognitive und verhaltenstherapeutische Elemente.

Schematherapie, Transfer

Auch die Erkenntnisse und Grundlagen der Schematherapie sind dem Schemapädagogen bewusst und im Berufsalltag hilfreich. Er weiß um den neurowissenschaftlichen Befund, wonach unangepasste, problematische Verhaltensweisen von Kindern und Jugendlichen tatsächlich oft früh erworbene Bewältigungsstrategien darstellen, die im sozialen Umfeld ihren Nutzen hatten.

Er nimmt daher nicht jede Verhaltenstendenz, die gegen ihn gerichtet ist, persönlich, gerade wenn der Betreffende zu denselben Reaktionen gegenüber anderen neigt.

Schemapädagogen wissen außerdem darum, dass Klienten, die unter dem Einfluss eines maladaptiven Schemas stehen, zu einer bestimmten selektiven Wahrnehmung sowie zu automatisierten Kognitionen, Gefühlen und Handlungen neigen. Betreffende merken nicht, dass lediglich eigene Prägungen in der Kindheit und Jugend die nachteiligen Emotionen und die selektive Wahrnehmung provozieren.

Ebenso ist ihnen ihr ganz persönlicher Teufelskreis nicht bewusst: auf dieselben Reize (Trigger) reagieren sie stets gleich.

Die Betreffenden machen daher – vielleicht aufgrund eines neuronal eingebrannten Schemas – immer wieder dieselben negativen Erfahrungen mit den Anderen. Dieser Teufelskreis ist dem Betreffenden nicht präsent.

Der Wahrnehmungsfehler externale Kausalattribuierung sorgt für eine affektive und kognitive Abwehr der Einsicht, dass an so gut wie allen Konflikten auch der Betreffende selbst beteiligt ist und nicht nur „die Anderen".

Das Schemamodus-Modell ist dem Schemapädagogen bekannt, er sieht entsprechend den Klienten in bestimmten Abständen *auch konkret als ein Bündel aus verschiedenen Teil-Persönlichkeiten* (*Verärgertes Kind, Manipulierer, Distanzierter Selbstberuhiger* usw.).

Er arbeitet regelmäßig mit den oben beschriebenen Schemamodi, besonders wenn er nicht mit einem Klienten, sondern mit einer ganzen Gruppe arbeitet. Schon alleine die Dynamik einer Gruppe erfordert flexibles Agieren und eine hohe Aufmerksamkeit; mittels der Berücksichtigung des Schemamodi-Modells ist dies machbar.

Sobald eine vertrauensvolle Beziehung hergestellt ist, arbeitet der Helfer mit dem Klienten gemeinsam direkt an der Stärkung des Modus des *Gesunden Erwachsenen*. Hierzu ist es unabdingbar, beim Klienten ein Verständnis für innere Pluralität zu vermitteln. Der Klient erkennt, dass er verschiedene Persönlichkeitsanteile in sich vereint (einen „bösen Max", „fiesen Max", „harten Max", aber auch einen „vernünftigen Max").

In Situationen, die ansonsten ungünstigen Bewältigungsreaktionen provozieren, kann er seine Emotionen durch Achtsamkeit besser selbst regulieren und somit sein Verhalten ändern.

Letztlich berücksichtigt der Schemapädagoge auch die 18 maladaptiven Schemata (*Misstrauen/Missbrauch, Bestrafungsneigung* usw.). Wenn im Laufe der Zusammenarbeit viele „Daten" gesammelt werden, die schließlich auf die Existenz eines bestimmten Schemas hindeuten, kann der professionelle Helfer im Falle einer Schema-Aktivierung direkt auf das emotionale und kognitive Erleben des Klienten eingehen und ihn gewissermaßen im Rahmen der Möglichkeiten *nachbeeltern* (siehe unten).

Soziale Phobie

Wahrscheinlich offenbart fast jeder Mensch eine gewisse Furcht oder Unsicherheit, sobald er im Alltag in Kontakt mit unbekannten Mitmenschen tritt. In solchen Situationen werden unterschiedlich stark ausgeprägte Angstzustände auf verschiedenen Ebenen aktiviert. Die unangenehmen Reaktionen verschwinden aber gewöhnlich innerhalb einiger Minuten.

Anders sieht das bei Personen mit Sozialer Phobie aus. Schätzungsweise zwischen fünf bis sieben Millionen Menschen in Deutschland leiden darunter (STANGIER et al. 2006). Und so mancher Klient, das wissen Sozialpädagogen, offenbaren Anzeichen von Sozialer Phobie.

Im Zentrum dieser Erkrankung steht die übertriebene Angst vor der negativen Bewertung der eigenen Person vonseiten der Umwelt. Genauer: „Charakteristisch für Soziale Phobien ist eine intensive Angst, in sozialen Situationen durch bestimmte Verhaltensweisen oder durch das Sichtbarwerden von körperlichen Angstsymptomen peinlich aufzufallen und abgelehnt zu werden." (STANGIER & FYDRICH 2002, 10)

Sozialphobiker fürchten nach SCHULTE (2000, 377) besonders:

- Vorträge,
- informelles Reden mit Fremden, zum Beispiel ein Small Talk im Alltag,
- Essen in der Öffentlichkeit,
- Trinken in der Gesellschaft,
- auf öffentlichen Toiletten urinieren.

Wie entsteht Soziale Phobie? Man geht in tiefen- und kognitionspsychologischen Kreisen sowohl von einer anlagebedingten Anfälligkeit als auch von einem ängstlich-beschützenden Erziehungsstil vonseiten der Eltern aus (FEHM & WITTCHEN 2004, 29).

Kommen diese beiden Faktoren zusammen, dann ist die Wahrscheinlichkeit, dass sich eine Soziale Phobie entwickelt, recht hoch. Manchmal wird diese Angststörung auch durch ein Trauma in sozialen Situationen ausgelöst.

Einige Symptome sind besonders typisch. Klassische Anzeichen sind: Erröten, Zittern, Schwitzen und Herzklopfen. Dass es sich um genau diese Phänomene handelt, ist kein Zufall. *Diese Erscheinungen werden von den Mitmenschen am ehesten wahrgenommen.*

Ist ein Sozialphobiker einmal in einer für ihn unangenehmen Lage und *muss* mit anderen kommunizieren, zum Beispiel in der Schule, offenbart er meist ein besonderes *Sicherheitsverhalten*. Im Nachhinein ist dies ein sehr unvorteilhafter Versuch, die eben genannten Angstsymptome zu unterdrücken. Einige Beispiele:

> Gegen das Zittern hilft beispielsweise das Verschränken der Arme.
> Man kann sich möglichst unauffällig verhalten, sich in den letzten Winkel des Raumes zurückziehen, damit niemand das Schwitzen und Erröten mitbekommt.
> Unerwünschte Blickwechsel mit Unbekannten kann man vermeiden, indem man ihn einfach nicht zulässt, das heißt, niemanden direkt ansieht und vorwiegend zu Boden blickt.
> Jemand, der stottert, wird so gut wie niemanden ansprechen (FEHM & WITTCHEN 2005).

Vermeideverhalten hat einen ganz großen Nachteil: *Gerade durch derartige Verhaltensweisen werden Menschen mit Sozialer Phobie negativ beurteilt und infolgedessen(!) abgelehnt.* Anders gesagt, der zunächst neutrale Beobachter schließt aus der abwehrend wirkenden Körpersprache, dass man ihn unsympathisch findet.

Nun wird verständlich, warum man Menschen mit Sozialer Phobie eher meidet. Auf der anderen Seite fühlen sich Betroffene in ihrer pessimistischen Wahrnehmung immer wieder bestätigt („Niemand spricht mich an!"). Sie merken nicht, dass sie selbst die Ablehnung provozieren.

Irrationale Wahrnehmungen

Sozialphobiker fragen sich viel zu oft, wie sie auf die Mitmenschen wirken, das heißt, sie überschätzen gewöhnlich die (negative) Wirkung der eigenen Person (CLARK & EHLERS 2002).

Betroffene Klienten sind davon überzeugt: „Ich bin peinlich, niemand wird mich je sympathisch finden!" Dieses Schema ist aus Sicht des gesunden Menschenverstandes natürlich nicht nachvollziehbar! Man kann gar nicht *immer* unsympathisch erscheinen. Das Gesetz der Wahrscheinlichkeit verbürgt sogar auch mal dafür, dass man trotz Vermeideverhalten ansprechend rüberkommt.

Diese Tatsache wird aber von betroffenen Klienten nicht gesehen: „Sozialphobiker setzen ihre verzerrte subjektive Wahrnehmung des eigenen Sozialverhaltens gleich mit dem, was nach ihrer Überzeugung die anderen wahrnehmen, also mit der Fremdwahrnehmung." (SCHULTE 2000, 406)

Im Zuge der Therapie der Sozialen Phobie wird daher auch an der Modifizierung von negativen Denkmustern gearbeitet. Denn ein Schema wie „Ich bin wertlos und unzulänglich" mag zwar aus Augen des Betroffenen eine unangreifbare Wahrheit sein – weil das Denkmuster Bestandteil des Selbstkonzepts ist. Es ist aber eigentlich „nur" erwachsen aus einigen negativen Erfahrungen oder frühkindlichen Konditionierungen.

Doch zurück zu den Phänomenen der Sozialen Phobie. Es fällt des Weiteren auf, dass kein Gleichgewicht zwischen Introversion und Extraversion besteht. Letzteres kommt viel zu kurz. Betroffene charakterisieren sich meistens durch eine überdurchschnittliche Selbstaufmerksamkeit, durch „Nabelschau".

Typisch ist zum Beispiel, dass Sozialphobiker während Unterhaltungen sich selbst und den anderen vorwiegend von außen sehen, quasi aus den Augen eines Dritten.

Dabei schwingt jederzeit die quälende Frage mit: „Wie reagiert mein Gegenüber auf diesen oder jenen Satz oder Ausdruck?" Natürlich kommt es im Zuge dessen zu keinem natürlichen und entspannten Gespräch, man ist viel zu sehr auf die verbale und nonverbale Ausdrucksweise konzentriert, kurz gesagt auf die Außenwirkung.

Leider ist auch dieses Vermeideverhalten ein Garant dafür, ein unvorteilhaftes Feedback vom Gesprächspartner zu bekommen.

Auswirkungen von Sozialer Phobie
Weil in unserer Gesellschaft vor allem die Kompetenz zählt, sich selbst gut verkaufen zu können, haben Sozialphobiker diesbezüglich schlechte Karten. Zum Sich-verkaufen-Können zählen schließlich Kommunikationsfähigkeiten und emotionale Intelligenz (GOLEMAN 2005).

Aus den genannten Gründen bleiben bestimmte Berufe, in denen vor allem Kommunikation gefragt ist, außen vor. Wir können demzufolge annehmen, dass der prozentuale Anteil an Sozialer Phobie bei Lehrern, Erwachsenenbildnern, Politikern, Entertainern, Erziehern, Journalisten usw. eher gering ist.

Noch fatalere Folgen zieht Soziale Phobie nach sich, sobald es um die Partnersuche geht. Denn: Schüchterne Menschen haben fast keine Chancen auf dem Partnermarkt. Im schlechtesten Fall bleibt man ein Leben lang Single.

Oft gesellen sich dann andere psychische Erkrankungen hinzu. Nach FEHM & WITTCHEN (2004) führt mehr als ein Drittel der Sozialen Phobien in eine depressive Erkrankung. Bedauerlicherweise besteht auch ein Zusammenhang zwischen Depressionen und Alkohol- beziehungsweise Medikamentenmissbrauch. BANDELOW (2010, 107) hat in seiner eigenen Praxis die Erfahrung gemacht, dass Menschen mit Alkoholproblemen häufig auch an Sozialer Phobie leiden.

Fassen wir zusammen: Sozialphobiker charakterisieren sich u.a. durch ein irrationales Selbstbild und fehlerhafte Informationsverarbeitung; auch eine abwegige Überbetonung der eigenen Wirkung auf die Mitmenschen liegt vor.

Z

Zwangsstörungen

Mehr als eine Million Deutsche leiden unter Zwangsstörungen (Stern 41/2005). Sie werden in zwei große Gruppen eingeteilt:

1. Zwangsgedanken, -befürchtungen und -impulse;
2. Zwangshandlungen.

Zwangsgedanken stören die Gemütsruhe ungemein. Sie drängen sich Menschen mit Zwangsstörungen permanent auf. Betroffene können sich nicht gegen sie wehren. Es handelt sich dabei meist um bestimmte Ideen, Erinnerungen oder Befürchtungen. Einige Beispiele:

> ➢ Ein junger Mann spaziert durch die Fußgängerzone. Er muss die Schritte zählen, die er braucht, um von A nach B zu gelangen. Zu Hause angekommen zählt er die Treppenstufen bis zum 4. Stock, wo er wohnt. Er hat sich verrechnet; nun muss er wieder runter zum Hauseingang, um erneut zu zählen.
> ➢ Nachdem der Busfahrer die Türen öffnet, kommt einem zwanghaften Fahrgast spontan die Idee, dem Rentner, der vor ihm steht, einen Schubs zu versetzen, sodass dieser aus dem Bus stürzt und sich verletzt.

> Eine Mutter mit Zwangsgedanken sieht sich im Haushalt mit Fantasien konfrontiert, ihr Kind zu verletzen oder zu töten. Messer und Scheren müssen aus dem Blickfeld entfernt werden.

Man merkt schnell: es handelt sich hierbei durchweg um aggressive Inhalte. Nicht selten geht es aber auch um sexuelle Angelegenheiten oder um das Thema Schmutz. Dahinter steht nach tiefenpsychologischen Erkenntnissen oft das Bedürfnis, selbst einmal Aggressionen auszuleben oder schmutzig zu sein, unter Umständen auch im moralischen Sinn; dies ist aufgrund eines zu starken Über-Ich aber aus der Perspektive des Betreffenden unmöglich (KAST 2004).

Weiter ist anzunehmen: Weil Derartiges aber durchweg nicht zum (meistens) gewissenhaften Selbstbild von Zwangscharakteren passt, werden solche Strebungen komplett verdrängt. Dementsprechend kommt es zu Zwangsgedanken mit „passenden" Inhalten.

Zu den Zwangshandlungen gehören Rituale, Kontroll- und Waschzwänge. In mittlerer Ausprägung sind solche Zwänge durchaus normal.

Solche Zwangshandlungen sind vielen Menschen nicht fremd. Doch diese sind im Vergleich zu Verhaltensweisen von Zwangscharakteren gar nichts. Manche müssen sich zig Mal am Tag die Hände waschen, stets nach einem streng festgelegten Ritual. Dasselbe gilt fürs Duschen. Die Haut wird dabei sehr in Mitleidenschaft gezogen, sie trocknet aus, bekommt Risse.

Wie gesagt, Zwangshandlungen binden aus psychoanalytischer Perspektive tiefer liegende Konflikte. Viele Psychiater auf der anderen Seite gehen von angeborenen Ursachen und Gehirnstoffwechselstörungen aus. Interessanterweise findet man in den meisten Biografien von Zwangscharakteren rigorose Bezugspersonen (> *Schema Bestrafungsneigung, Band 2*), die strenge Erziehungsmethoden praktizierten, was eher der tiefenpsychologischen Deutung der Symptome entspricht.

Aufrechterhalten werden Zwangsstörungen vor allem durch das permanente Vermeideverhalten des Betroffenen. Mit aller Kraft verhindert werden, wie gesagt, die sich aufdrängenden Gedanken, Wünsche und Begierden mithilfe von Zwangshandlungen. Gerade aber das *Bekämpfen* der Gedanken führt dazu, dass sie *nicht* verschwinden. Die Lösung liegt darin, die Gedanken zuzulassen und parallel hierzu die Zwangshandlungen bewusst zu unterbinden.

Weiterführende Literatur

Damm, M. (2010). Praxis der Schemapädagogik. Schemaorientierte Psychotherapien und ihre Potenziale für die psychosoziale Arbeit. Reihe Schemapädagogik kompakt. Band 1. Stuttgart: Ibidem-Verlag.
Das Buch schlägt eine Brücke zwischen Schematherapie und psychosozialen Arbeitsfeldern. Die Grundlagen – Kognitive Therapie, Klärungsorientierte Psychotherapie und Schematherapie – werden dargestellt. Ihr Potenzial für folgende psychosozialen Arbeitsfelder wird beschrieben: Schulsozialarbeit, Paarberatung, Sozialpädagogische Familienhilfe, Erziehungsberatung, Strafvollzug (Bewährungshilfe), Streetwork.

Damm, M. (2010). Schemapädagogik im Klassenzimmer. Ein neues Konzept zur Förderung verhaltensauffälliger Schüler. Reihe Schemapädagogik kompakt. Band 2. Stuttgart: Ibidem-Verlag.
Dieses Buch beinhaltet die Grundlagen der Schemapädagogik und ihr Transfer in den Unterrichtsalltag.

Damm, M. (2010). Schemapädagogik im Klassenzimmer. Das Praxisbuch. Materialien und Methoden für Lehrer und Schüler. Reihe Schemapädagogik kompakt. Band 3. Stuttgart: Ibidem-Verlag.
Dieses Praxisbuch ist als Ergänzungsband konzipiert. Er beinhaltet unter anderem Arbeitsblätter sowie Schemafragebögen.

Damm, M. (2011). Schemapädagogik bei jugendlichen Gewalttätern. Diagnose von Schemata, Konfrontation und Verhaltensänderung. Reihe Schemapädagogik kompakt. Band 4. Stuttgart: Ibidem-Verlag.
Hier werden traditionelle wie neue pädagogische Interventionen vorgestellt, die im Umgang mit jugendlichen Gewalttätern hilfreich sind.

Damm, M. (2011). Handwörterbuch Schemapädagogik 1. Kommunikation, Charakterkunde, Prävention von Beziehungsstörungen. Reihe Schemapädagogik kompakt. Band 5. Stuttgart: Ibidem-Verlag.
In diesem Nachschlagewerk finden Sie relevante Arbeitsbegriffe, die im Rahmen der Schemapädagogik eine große Rolle spielen. Neben den Grundlagen der Kommunikation findet sich auch eine tiefenpsychologisch orientierte Charakterkunde sowie Interventionen, die der Prävention von Beziehungsstörungen dienen.

Damm, M. (2011). Handwörterbuch Schemapädagogik 2. Manipulationstechniken, Selbstklärung, Intervention. Reihe Schemapädagogik kompakt. Band 6. Stuttgart: Ibidem-Verlag.
Dieser Ergänzungsband komplettiert die vorangegangene Publikation. Das Buch ist ebenfalls als Nachschlagewerk konzipiert. Neben wichtigen Schemapädagogik-Begriffen wird konkret auf Manipulationstechniken eingegangen, aber auch auf Schemata und Schemamodi, die aufseiten des professionellen Helfers vorhanden sein können.

Damm, M. & Ebert, M.-G. (2011). Lehrerpersönlichkeit. Professionelle Beziehungsgestaltung im Unterricht. Reihe Schemapädagogik kompakt. Band 7. Stuttgart: Ibidem-Verlag.
Hier findet der Leser Ursachen und Lösungsvorschläge für „typische" Konflikte im Schulalltag. Fokussiert werden vor allem Prozesse, die auf der (eher unbewussten) Beziehungsebene ablaufen, etwa Beurteilungsfehler und die sogenannten Abwehrmechanismen.

Damm, M. (2012). Persönlichkeitsstörungen in der Schule 1. Schemapädagogik bei Einzelgängern, Sadisten, Hypersensiblen und Selbstverletzungen. Reihe Schemapädagogik kompakt. Band 8. Stuttgart: Ibidem-Verlag.
Hier werden „schwierige" Schülerinnen und Schüler vor dem Hintergrund der Thematik Persönlichkeitsstörungen betrachtet. Entsprechend geht es unter anderem um den Umgang mit schizoiden, sadistischen, paranoiden und selbstverletzenden Heranwachsenden. Ursachen aus integrativer Perspektive und schemapädagogische Interventionsmöglichkeiten werden ferner thematisiert.

Damm, M. (2013). Persönlichkeitsstörungen in der Schule 2. Schemapädagogik bei Selbstdarstellern, histrionischen, antisozialen und Borderline-Persönlichkeiten. Reihe Schemapädagogik kompakt. Band 9. Stuttgart: Ibidem-Verlag.
In diesem Band geht es um weitere Persönlichkeitsstörungen, die manche „schwierige" Schüler offenbaren. Die Ursachen und Psychodynamik der narzisstischen, histrionischen, antisozialen und Borderline-Persönlichkeitsstörung werden ausführlich beschrieben. Pädagogische Fachkräfte erhalten in diesem Buch auch Tipps zur komplementären (= an die zentralen Motive angepasste) Beziehungsgestaltung im Unterricht.

Damm, M. (2014). Persönlichkeitsstörungen in der Schule 3. Schemapädagogik bei Helfertypen, zwanghaften, passiv-aggressiven und ängstlichen Jugendlichen. Reihe Schemapädagogik kompakt. Band 10. Stuttgart: Ibidem-Verlag.
Dieses Buch schließt die „Schemapädagogik bei Persönlichkeitsstörungen"-Trilogie ab. Hierin findet der Leser neben der genauen Beschreibung der einzelnen Persönlichkeitsstörungen auch eine Übersicht über die integrativen Therapiemöglichkeiten von Persönlichkeitsstörungen. Außerdem werden wiederum angepasste schemapädagogische Methoden für den Alltagsunterricht beschrieben.

Damm, M. (in Planung). Schemapädagogik und Lehrerpersönlichkeit. Reihe Schemapädagogik kompakt. Band 11. Stuttgart: Ibidem-Verlag.
Dieses Buch widmet sich den Auswirkungen von bestimmten Schemata, die manchmal auf Lehrerseite vorherrschen. Anhand von verschiedenen Fragebögen, die im Rahmen der Schemapädagogik eingesetzt werden, lernen Pädagogen eigene innerpsychische Muster, die zu stets denselben Konflikten mit den Schülern führen, genau kennen. Ziel ist die bewusste Kontrolle von „nachteiligen" Schemata und Schemamodi im Unterrichtsalltag.

Roediger, E. (2009). Praxis der Schematherapie. Stuttgart: Schattauer.
In diesem Fachbuch werden die Grundlagen und einige Erweiterungen der Schematherapie erläutert.

Roediger, E. (2009). Was ist Schematherapie? Eine Einführung in Grundlagen, Modell und Anwendung. Paderborn: Junfermann.
Dieses Buch ist ein guter Einstieg in die Theorie und Praxis der Schematherapie.

Roediger, E. (2010). Raus aus den Lebensfallen. Wie Schematherapie helfen kann. Paderborn: Junfermann.
Hier wird vor allem das Schemamodus-Modell beleuchtet; außerdem wird seine Handhabung aus Sicht der Klienten thematisiert.

Roediger, E. & Jacob, G. (Hrsg.) (2010). Fortschritte der Schematherapie. Göttingen: Hogrefe.
Ausdifferenzierungen der Schematherapie finden interessierte Leser hier.

Sachse, R., Fasbender, J., Breil, J., Püschel, O. (2009). Grundlagen und Konzepte Klärungsorientierter Psychotherapie. Göttingen u.a.: Hogrefe.
Hier werden die theoretischen Grundlagen und praktischen Arbeitsweisen der Klärungsorientierten Psychotherapie erläutert.

Sachse, R. (2006). Persönlichkeitsstörungen verstehen. Zum Umgang mit schwierigen Klienten. Bonn: Psychiatrie-Verlag.
Dieser leicht verständliche Ratgeber richtet sich an Angehörige der psychotherapeutischen und sozialpädagogischen Berufe.

Young, J.E., Klosko, J. & Weishaar, M.J. (2005). Schematherapie. Ein praxisorientiertes Handbuch. Paderborn: Junfermann.
Dieses Fachbuch ist das Schematherapie-Grundlagenwerk – und ein Muss für alle Schemapädagogen.

Young, J.E. & Klosko, J. (2006). Sein Leben neu erfinden. Wie Sie Lebensfallen meistern. Paderborn: Junfermann.
Ursprünglich für Klienten der Schematherapie verfasst, eignet sich dieses Buch auch für Laien, die sich für Schematherapie interessieren.

Kontakte

Weitere Informationen zur Schemapädagogik (auch als Download) finden Interessenten auf der Homepage des Autors (www.schemapädagogik.de).

Fortbildungen in Schemapädagogik

Am Institut für Schemapädagogik (Worms) werden verschiedene Fortbildungen zur Schemapädagogik angeboten. Auf der oben genannten Homepage werden sie ausführlich beschrieben.

Kontakt:

Institut für Schemapädagogik
Dr. Marcus Damm
Höhenstr. 56
67550 Worms

Im Rahmen der Lehrerfortbildung (Berufsbildende Schulen, Förder- und Schwerpunktschulen) in Rheinland-Pfalz werden die theoretischen Grundlagen und praktischen Anwendungen der Schemapädagogik am Pädagogischen Landesinstitut Speyer vermittelt.

Kontakt:

Dr. Marcus Damm
Pädagogisches Landesinstitut Speyer
Butenschönstr. 2
67346 Speyer

E-Mail: info@marcus-damm.de

Literatur

Adler, A. (1966). Menschenkenntnis. Frankfurt a.M.: Fischer.

Ainsworth, M.D.S. (1968). Object relations, dependency and attachment. A theoretical review of the infant-mother relationship. Child Dev., 40, 969–1025.

Arnold, R. (2007). Ich lerne, also bin ich. Eine systemisch-konstruktivistische Didaktik. Heidelberg: Carl-Auer.

Arntz, A. & Van Genderen, H. (2010). Schematherapie bei Borderline-Persönlichkeitsstörung. Weinheim und Basel: Beltz.

Bandelow, B. (2010). Woher Ängste kommen und wie man sie bekämpfen kann (3. Aufl.). Reinbek: Rowohlt.

Bauer, J. (2007a). Warum ich fühle, was du fühlst (6. Aufl.). München: Heyne.

Bauer, J. (2007b). Prinzip Menschlichkeit. Warum wir von Natur aus kooperieren (3. Aufl.). Hamburg: Hoffmann & Campe.

Bauer, J. (2007c). Lob der Schule. Sieben Perspektiven für Schüler, Lehrer und Eltern. Regensburg: Hoffmann und Campe.

Beck, A.T. (1976). Cognitive therapy and the emotional disorders. New York: International University Press.

Beck, A.T., Rush, A.J., Shaw, B.F. & Emery, G. (1979/2001). Kognitive Therapie der Depression. Weinheim: Beltz.

Beck, A.T., Freeman, A. & Davis, D. (2004). Cognitiv Therapy of Personality Disorders. New York, London: Guilford Press.

Becker, E.S. & Hoyer, J. (2005a). Generalisierte Angststörung. Göttingen u.a.: Hogrefe.

Becker, E.S. & Hoyer, J. (2005b). Konfrontationsbehandlung bei Spezifischen Phobien. In: P. Neudeck und H.-U. Wittchen (Hrsg.). Konfrontationstherapie bei psychischen Störungen. Theorie und Praxis, 77–95. Göttingen u.a.: Hogrefe.

Berne, E. (1964/2005). Spiele der Erwachsenen. Psychologie der menschlichen Beziehungen (5. Aufl.). Reinbek: Rowohlt.

Bertalanffy, L.v. (1972). Zu einer allgemeinen Systemlehre. In: Bleicher, K. (Hrsg.). Organisation als System. VS-Verlag: Wiesbaden.

Bierhoff, H.-W. (2006). Sozialpsychologie. Ein Lehrbuch (6. Aufl.). Stuttgart: Kohlhammer.

Böhnisch, L. (2001). Sozialpädagogik der Lebensalter. München & Weinheim: Beltz.

Bowlby, J. (1973). Attachment and Loss (Vol. 2). Separation. Anxiety and anger. New York: Basic Books.

Braconnier, A. (2004). Große Ängste, kleine Ängste. Mit ihnen leben, etwas daraus machen. Aus dem Französischen. München: Goldmann.

Brand, M. & Saasmann, M. (1999). Anti-Gewalt-Training für Gewalttäter. Ein sozialpädagogisches konfrontatives Training zum Abbau der Gewaltbereitschaft. In: DVJJ-Journal, 4, 419-425.

Buss, D.M. (2004). Evolutionäre Psychologie (2. Aufl.). München: Pearson Studium.

Cierpka, M. (2005). FAUSTLOS – Wie Kinder Konflikte gewaltfrei lösen lernen (3. Aufl.). Freiburg i.B.: Herder.

Clark, D.M. und Ehlers, A. (2002). Soziale Phobie. Eine kognitive Perspektive. In: U. Stangier und T. Fydrich (Hrsg.). Soziale Phobie und Soziale Angststörung, 157–180. Göttingen u.a.: Hogrefe.

Correll, W. (2003). Menschen durchschauen und richtig behandeln. München: mvg.

Corsini, R.J. (1994). Konfrontative Therapie. In: Corsini, R.J. (Hrsg.). Handbuch der Psychotherapie. Bd.1, 550–570. Weinheim: Beltz.

Damasio, A.R. (2000). Ich fühle, also bin ich. München: List.

Damasio, A.R. (2004). Descartes' Irrtum. Fühlen, Denken und das menschliche Gehirn. Berlin: List.

Damm, M. (2007). Frei von Ängsten. Sich neuen Lebensmöglichkeiten öffnen. Freiburg i.B.: Herder.

Damm, M. (2009). Nervensägen – und wie man mit ihnen klarkommt. Freiburg i.B.: Herder.

Damm, M. (2010a). Praxis der Schemapädagogik. Schemaorientierte Psychotherapien und ihre Potenziale für psychosoziale Arbeitsfelder. Reihe Schemapädagogik kompakt. Band 1. Stuttgart: Ibidem.

Damm, M. (2010b). Schemapädagogik im Klassenzimmer. Ein neues Konzept zur Förderung verhaltensauffälliger Schüler. Reihe Schemapädagogik kompakt. Band 2. Stuttgart: Ibidem.

Damm, M. (2010c). Schemapädagogik im Klassenzimmer. Das Praxisbuch. Arbeitsmaterialien für Lehrer und Schüler. Reihe Schemapädagogik kompakt. Band 3. Stuttgart: Ibidem.

Damm, M. (2010d). Schemapädagogik. Möglichkeiten und Methoden der Schematherapie im Praxisfeld Erziehung. Wiesbaden: VS-Verlag.

Dehner, R. & Dehner, U. (2007). Schluss mit diesen Spielchen. Manipulationen im Alltag erkennen und dagegen vorgehen. Campus: Frankfurt a.M.

Deinet, U. & Sturzenhecker, B. (2005). Handbuch Offene Kinder- und Jugendarbeit (3. Aufl.). Wiesbaden: VS-Verlag.

DeShazer, S. (2005). Wege der erfolgreichen Kurztherapie. Stuttgart: Klett-Cotta.

Dozier, R. (2001). Angst. Zerstörungstrieb und schöpferische Kraft. Aus dem Amerikanischen. Lübbe: Bergisch-Gladbach.

Ellis, A. (1962). Die rational-emotive Therapie. München: Pfeiffer.

Fehm, L. und Wittchen, H.-U. (2004). Wenn Schüchternheit krank macht. Ein Selbsthilfeprogramm zur Bewältigung Sozialer Phobie. Göttingen u.a.: Hogrefe.

Fehm, L. und Wittchen, H.-U. (2005). Konfrontationsbehandlung bei Sozialer Phobie. In: P. Neudeck und H.-U. Wittchen (Hrsg.). Konfrontationstherapie bei psychischen Störungen. Theorie und Praxis. Göttingen u.a.: Hogrefe, 47–66.

Feuerhelm, W. & Eggert, A. (2007). Evaluation des Anti-Aggressivitäts-Trainings und des Coolness-Trainings in Mainz. Unveröffentlichte Ausgabe der KFH Mainz.

Frank, A. (2008). Kinder in ihrer sozial-emotionalen Entwicklung fördern. In: Kindergarten heute spezial. Freiburg i.B.: Herder.

Freud, S. (1907/2000). Zwangshandlungen und Religionsübungen. In: S. Freud. Studienausgabe. Band 7. Zwang, Paranoia und Perversion. Frankfurt a.M.: Fischer.

Freud, S. (1917/1991). Vorlesungen zur Einführung in die Psychoanalyse (14. Aufl.). Frankfurt a.M.: Fischer.

Freeman, A. (2000). Persönlichkeitsstörungen. In: M. Hautzinger (Hrsg.). Kognitive Verhaltenstherapie bei psychischen Erkrankungen (3. Aufl.), 249–294. Berlin, München: Quintessenz.

Fromm, E. (1976/2003). Haben oder Sein (31. Aufl.). München: dtv.

Grawe, K. (1998). Psychologische Psychotherapie. Göttingen u.a.: Hogrefe.

Grawe, K. (2004). Neuropsychiatrie. Göttingen u.a.: Hogrefe.

Greenberg, L.S. (2004). Emotion-Focused Therapy. Washington: American Psychological Association.

Greenberg, L.S., Rice, L.N. & Elliot, R. (2003). Emotionale Veränderung fördern. Grundlagen einer prozess- und erlebnisorientierten Therapie. Paderborn: Junfermann.

Grüneberg, L. & Hauser, P. (1995). Erziehen als Beruf. Eine Praxis- und Methodenlehre (2. Aufl.). Troisdorf: Bildungsverlag EINS.

Güntürkün, O. (2000). Die Neurobiologie der Angst. In: G.L. Lazarus-Mainka und S. Siebeneick. Angst und Ängstlichkeit, 73–89. Göttingen u.a.: Hogrefe.

Hammelstein, P. (2009). Kognitive Therapie, Schematherapie und Klärungsorientierte Psychotherapie. Vergleich einzelner Aspekte. In: R. Sachse et al. Grundlagen und Konzepte Klärungsorientierter Psychotherapie, 184–200. Göttingen u.a.: Hogrefe.

Hansen, H. (2006). Kinderpsychotherapie. In: R. Pousset (Hrsg.). Handwörterbuch für Erzieherinnen und Erzieher, 207–209. Weinheim und Basel: Beltz.

Harris, T.A. (1975). Ich bin o.k. – Du bist o.k. (43. Aufl.). Reinbek: Rowohlt.

Hautzinger, M. (2000). Kognitive Verhaltenstherapie bei Depressionen. In: M. Hautzinger (Hrsg.). Kognitive Verhaltenstherapie bei psychischen Erkrankungen (3. Aufl.), 39–61. Berlin, München: Quintessenz.

Heckhausen, J. & Heckhausen, H. (2006). Motivation und Handeln (3. Aufl.). Heidelberg: Springer.

Heiner, M. (2007). Soziale Arbeit als Beruf. München: Reinhardt.

Heisig, K. (2010). Das Ende der Geduld. Konsequent gegen jugendliche Gewalttäter. Freiburg i.B.: Herder.

Herriger, N. (1995). Empowerment und das Modell der Menschenstärken. Bausteine für ein verändertes Menschenbild der Sozialen Arbeit. In: Soziale Arbeit, 5, 155–162.

Herriger, N. (2010): Empowerment in der Sozialen Arbeit. Eine Einführung. Stuttgart: Klett-Cotta.

Hirblinger, H. (2001). Einführung in die psychoanalytische Pädagogik der Schule. Würzburg: Königshausen & Neumann.

Hofgesang, B. (2005). Sozialpädagogische Familienhilfe. In: H.-U. Otto & H. Thiersch (Hrsg.). Handbuch Sozialarbeit/Sozialpädagogik (3. Aufl.), 529–539. München: Reinhardt.

Jaszus, R., Büchin-Wilhelm, I., Mäder-Berg, M. & Gutman, W. (2008). Sozialpädagogische Lernfelder für Erzieherinnen. Stuttgart: Holland & Josenhans.

Kandel, E.R. (2006). Psychiatrie, Psychoanalyse und die neue Biologie des Geistes. Aus dem Amerikanischen. Frankfurt a.M.: Suhrkamp.

Kasper, H. (2003). Schülermobbing – tun wir was dagegen. München: AOL.

Kast, V. (2004). Vom Sinn der Angst. Wie Ängste sich festsetzen und wie sie sich verwandeln lassen (5. Aufl.). Freiburg: Herder.

Keller, G. (2010). Disziplinmanagement in der Schulklasse. Unterrichtsstörungen vorbeugen – Unterrichtsstörungen bewältigen (2. Aufl.). Bern: Hans Huber.

Kilb, R., Weidner, J. & Gall, R. (2009). Konfrontative Pädagogik in der Schule. Anti-Aggressivitäts- und Coolnesstraining (2. Aufl.). Weinheim und München: Juventa.

Kleespies, W. (2003). Angst verstehen und verwandeln. Angststörungen und ihre Bewältigung in der Psychotherapie. München und Basel: Ernst Rheinhardt Verlag.

Kleine-Katthöfer, G. (2001). Grundbausteine Sozialpädagogik. Köln: Stam.

König, K. (2003). Abwehrmechanismen (3. Aufl.). Göttingen: Vandenhoeck & Ruprecht.

Kreuzer, M. (Hrsg.) (2001). Handlungsmodelle in der Familienhilfe. Zwischen Networking und Beziehungsempowerment. Neuwied: Luchterhand.

Kriz, J. (2007). Grundkonzepte der Psychotherapie (6. Aufl.). München: Psychologie Verlags Union.

Künkel, F. (1928/2000). Einführung in die Charakterkunde (18. Aufl.). Stuttgart: Hürzel.

Kuhl, J. (2001). Motivation und Persönlichkeit. Göttingen u.a.: Hogrefe.

Kreft, D. & Mielenz, I. (Hrsg.). (2008). Wörterbuch Soziale Arbeit (6. Aufl.). Weinheim und München: Juventa.

Langfeldt, H.-P. (2006). Psychologie für die Schule. Weinheim & Basel: Beltz.

Lammers, C.-H. (2007). Emotionsbezogene Psychotherapie. Grundlagen, Strategien und Techniken. Stuttgart: Schattauer.

LeDoux, J.E. (2001). Das Netz der Gefühle – Wie Emotionen entstehen. Wien: Carl Hanser.

Leahy, R.L. (2007). Techniken kognitiver Therapie. Paderborn: Junfermann.

Lohmann, G. (2007). Mit Schülern klarkommen. Professioneller Umgang mit Unterrichtsstörungen und Disziplinkonflikten (6. Aufl.). Berlin: Cornelsen Skriptor.

Main, M. & Solomon, J. (1986). Discovery of a new, insecure-disorganized /disoriented attachment pattern. In: T.B. Brazelton & M. Yohman (Hrsg.). Affective Development in Infancy, 95–124. Norwood, N.J.: Ablex.

Maslow, A.H. (1981). Motivation und Persönlichkeit. Reinbek: Rowohlt.

Maturana, H. (1982). Erkennen. Die Organisation und Verkörperung von Wirklichkeit. Braunschweig.

Mentzos, S. (2009). Lehrbuch der Psychodynamik. Die Funktion der Dysfunktionalität psychischer Störungen (2. Aufl.). Göttingen: Vandenhoeck & Ruprecht.

Morgenstern, A. (2006). Sozialpädagogik in Lernfeldern. Haan-Gruiten: Europa-Lermittel.

Neumann, C., Niederwestberg, L. & Wenning, M. (2008). Erziehen – Bilden – Betreuen im Kindesalter. Hamburg: Verlag Dr. Felix Büchner.

Nowacki, K. (2009). Klärungsorientierte Psychotherapie aus bindungstheoretischer Sicht. In: R. Sachse et al. Grundlagen und Konzepte Klärungsorientierter Psychotherapie, 165–183. Göttingen u.a.: Hogrefe.

Olweus, D. (2008). Gewalt in der Schule. Was Lehrer und Eltern wissen sollten – und tun können (4. Aufl.). Bern: Hans Huber.

Pausewang, F. (1994). Ziele suchen – Wege finden. Arbeits- und Lehrbuch für die didaktisch-methodische Auseinandersetzung in sozialpädagogischen Berufen. Berlin: Cornelsen.

Piaget, J. (1976). Die Äquilibration der kognitiven Strukturen. Stuttgart: Klett.

Piaget, J. (1980). Psychologie der Intelligenz. Stuttgart: Klett-Cotta.

Püschel, O. & Sachse, R. (2009). Eine motivationstheoretische Fundierung Klärungsorientierter Psychotherapie. In: Sachse, R. et al. Grundlagen und Konzepte Klärungsorientierter Psychotherapie, 89–110. Göttingen u.a.: Hogrefe.

Rattner, J. (1996). Charakterstudien. Berlin: Verlag für Tiefenpsychologie.

Rattner, J. & Danzer, G. (2003). Erziehung zur Persönlichkeit. Wachsen, lernen, sich entwickeln. Darmstadt: WBG.

Reich, W. (1933/2002). Charakteranalyse. Köln: Kiepenheuer & Witsch.

Rhode, R., Meis, M. & Bongartz, R. (2003). Angriff ist die schlechteste Verteidigung. Paderborn: Junfermann.

Richter, H.E. (1963/2000). Eltern, Kind und Neurose (30. Aufl.). Reinbek: Rowohlt.

Riemann, F. (1961/2009). Grundformen der Angst. München: Reinhardt.

Ringel, E. (1955/2004). Selbstschädigung durch Neurose. Frankfurt a.M.: Dietmar Klotz.

Roediger, E. (2009a). Praxis der Schematherapie. Stuttgart: Schattauer.

Roediger, E. (2009b). Was ist Schematherapie? Eine Einführung in Grundlagen, Modell und Anwendung. Paderborn: Junfermann.

Roediger, E. & Jacob, G. (Hrsg.). (2010). Fortschritte der Schematherapie. Göttingen: Hogrefe.

Rogers, C. (1972/1999). Die nicht-direktive Beratung (9. Aufl.). Frankfurt a.M.: Fischer.

Rosenberg, M.B. (2001). Gewaltfreie Kommunikation: Aufrichtig und einfühlsam miteinander sprechen. Paderborn: Junfermann.

Rosner, R. (Hrsg.). (2006). Psychotherapieführer Kinder und Jugendliche. München: C.H. Beck.

Roth, G. (2003). Fühlen, Denken, Handeln. Wie das Gehirn unser Verhalten steuert. Frankfurt a.M.: Suhrkamp.

Roth, G. (2007). Persönlichkeit, Entscheidung und Verhalten. Warum es so schwierig ist, sich und andere zu verstehen. Stuttgart: Klett-Cotta.

Roth, G. (2009). Aus Sicht des Gehirns (2. Aufl.). Frankfurt a.M.: Suhrkamp.

Sachse, R. (1992). Zielorientierte Gesprächspsychotherapie. Eine grundlegende Neukonzeption. Göttingen: Hogrefe.

Sachse, R. (1996). Praxis der Zielorientierten Gesprächspsychotherapie. Göttingen u.a.: Hogrefe.

Sachse, R. (2003). Klärungsorientierte Psychotherapie. Göttingen u.a.: Hogrefe.

Sachse, R. (2004). Persönlichkeitsstörungen. Leitfaden für die Psychologische Psychotherapie. Göttingen u.a.: Hogrefe.

Sachse, R. (2006a). Therapeutische Beziehungsgestaltung. Göttingen u.a.: Hogrefe.

Sachse, R. (2006b). Persönlichkeitsstörungen verstehen. Zum Umgang mit schwierigen Klienten. Bonn: Psychiatrie-Verlag.

Sachse, R., Püschel, O., Fasbender, J. & Breil, J. (2008). Klärungsorientierte Schemabearbeitung. Dysfunktionale Schemata effektiv verändern. Göttingen u.a.: Hogrefe.

Sachse, R., Fasbender, J., Breil, J. & Püschel, O. (2009). Grundlagen und Konzepte Klärungsorientierter Psychotherapie. Göttingen u.a.: Hogrefe.

Schmidt, G. (2004). Liebesaffären zwischen Problem und Lösung. Hypnosystemisches Arbeiten in schwierigen Kontexten. Heidelberg: Carl-Auer-Systeme.

Schmidt, G. (2008). Einführung in die hypnosystemische Therapie und Beratung. Heidelberg: Carl-Auer-Systeme.

Schmitt-Killian, J. (2010). „Ich mach euch fertig!" Praxisbuch Gewaltprävention. Gütersloh: Gütersloher Verlagshaus.

Schulte, G. (2000). Angststörungen. In: G.L. Lazarus-Mainka und S. Siebeneick. Angst und Ängstlichkeit, 370–424. Göttingen u.a.: Hogrefe.

Schulz von Thun, F. (1998). Miteinander reden 2. Stile, Werte und Persönlichkeitsentwicklung. Differentielle Psychologie der Kommunikation. Reinbek: Rowohlt.

Schulz von Thun, F. (2002). Miteinander reden 1. Allgemeine Psychologie der Kommunikation. Reinbek: Rowohlt.

Seligman, M.E.P. (1979): Erlernte Hilflosigkeit. Weinheim: Beltz.

Siegel, D.J. (2006). Wie wir werden, die wir sind. Paderborn: Junfermann.

Singer, W. (2002). Der Beobachter im Gehirn. Essays zur Hirnforschung. Frankfurt a.M.: Suhrkamp.

Speck, K. (2006). Qualität und Evaluation in der Schulsozialarbeit. Konzepte, Rahmenbedingungen und Wirkungen. Wiesbaden: VS Verlag.

Spitzer, M. (2009). Hirnforschung für Neu(ro)gierige. Braintertainment 2.0. Stuttgart: Schattauer.

Stangier, U. und Fydrich, T. (Hrsg.) (2002). Soziale Phobie und Soziale Angststörung: Psychologische Grundlagen, Diagnostik und Therapie. Göttingen u.a.: Hogrefe.

Stangier, U., Clark, D.M. & Ehlers, A. (2006). Soziale Phobie. Göttingen u.a.: Hogrefe.

Storch, M. (2004). Nachhilfe für Gefühlskrüppel. In: FOCUS, 24, 139.

Taglieber, W. (2005). Berliner Mobbing-Fibel. Was tun wenn. Berlin: Berliner Landesinstitut.

Textor, M.R. (2006). Kindergarten. In: R. Pousset (Hrsg.). Handwörterbuch für Erzieherinnen und Erzieher. Weinheim und Basel: Beltz.

Thesing, T., Geiger, B., Erne-Herrmann, P. & Klenk, C. (2001). Sozialpädagogischen Arbeitsfelder. Ein Handbuch zur Berufs- und Institutionenkunde für sozialpädagogische Berufe. Freiburg i.B.: Lambertus.

Thomann, C. & Schulz von Thun, F. (2003). Klärungshilfe 1. Handbuch für Therapeuten, Gesprächshelfer und Mediatoren in schwierigen Gesprächen. Reinbek: Rowohlt.

Vogelsberger, M. (2002). Sozialpädagogische Arbeitsfelder im Überblick. Weinheim und Basel: Beltz.

Vogelsberger, M. (2006b). Hort. In: R. Pousset (Hrsg.). Handwörterbuch für Erzieherinnen und Erzieher, 164–167. Weinheim und Basel: Beltz.

Wagner, R.F., Hinz, A., Rausch, A. & Becker, B. (2009). Modul Pädagogische Psychologie. Bad Heilbrunn: Klinkhardt.

Watzlawick, P., Beaven, J.H. & Jackson, D.D. (1969/2003). Menschliche Kommunikation. Formen. Störungen. Paradoxien (10. Aufl.). Bern: Huber.

Watzlawick, P. (2010). Wie wirklich ist die Wirklichkeit (10. Aufl.). München: Piper.

Weidner, J. (2004). Konfrontation mit Herz. Eckpfeiler eines neuen Trends in Sozialer Arbeit und Erziehungswissenschaft. In: Weidner, J. & Kilb, R. (Hrsg.). Konfrontative Pädagogik. Konfliktbearbeitung in Sozialer Arbeit und Erziehung. Wiesbaden: VS-Verlag.

Weidner, J. & Kilb, R. (2008). Konfrontative Pädagogik (3. Aufl.). Wiesbaden: VS-Verlag.

Wendt, W.R. (1999). Case Management im Sozial- und Gesundheitswesen. Eine Einführung. Freiburg i.B.: Lambertus.

Willi, J. (1975/2001). Die Zweierbeziehung. Reinbek: Rowohlt.

Wolters, J.-M. (1992). Kampfkunst als Therapie. Die sozialpädagogische Relevanz asiatischer Kampfsportarten. Bern u.a.: Peter Lang.

Young, J.E. & Brown, G. (1990). Young Schema Questionaire. New York: Schema Therapy Institut.

Young, J.E. (1999). Cognitive therapy for personality disorders. A schema-focused approach (rev. Ausg.). Sarasota, FL: Professional Resources Press.

Young, J.E., Klosko, J.S. & Weishaar, M.J. (2008). Schematherapie. Ein praxisorientiertes Handbuch (2. Aufl.). Paderborn: Junfermann.

Young, J.E. & Klosko, J. (2006). Sein Leben neu erfinden. Wie Sie Lebensfallen meistern. Paderborn: Junfermann.

Zorn, P. & Roder, V. (2011). Schemazentrierte emotiv-behaviorale Therapie (SET). Therapieprogramm für Patienten mit Persönlichkeitsstörungen. Weinheim & Basel: Beltz.

Abonnement

Hiermit abonniere ich die Reihe **Schemapädagogik kompakt (ISSN 2191-186X)**, herausgegeben von Dr. Marcus Damm,

- ❐ ab Band # 1
- ❐ ab Band # __
    - ❐ Außerdem bestelle ich folgende der bereits erschienenen Bände:

    #__, __, __, __, __, __, __, __, __, __, __

- ❐ ab der nächsten Neuerscheinung
    - ❐ Außerdem bestelle ich folgende der bereits erschienenen Bände:

    #__, __, __, __, __, __, __, __, __, __, __

- ❐ 1 Ausgabe pro Band   ODER   ❐ __ Ausgaben pro Band

Bitte senden Sie meine Bücher zur versandkostenfreien Lieferung innerhalb Deutschlands an folgende Anschrift:

Vorname, Name: _____

Straße, Hausnr.: _____

PLZ, Ort: _____

Tel. (für Rückfragen): _____ *Datum, Unterschrift:* _____

Zahlungsart

- ❐ *ich möchte per Rechnung zahlen*
- ❐ *ich möchte per Lastschrift zahlen*

bei Zahlung per Lastschrift bitte ausfüllen:

Kontoinhaber: _____

Kreditinstitut: _____

Kontonummer: _____ Bankleitzahl: _____

Hiermit ermächtige ich jederzeit widerruflich den *ibidem*-Verlag, die fälligen Zahlungen für mein Abonnement der Reihe **Schemapädagogik kompakt** von meinem oben genannten Konto per Lastschrift abzubuchen.

Datum, Unterschrift: _____

Abonnementformular entweder **per Fax** senden an: **0511 / 262 2201** oder 0711 / 800 1889 oder als **Brief** an: *ibidem*-Verlag, Leuschnerstr. 40, 30457 Hannover oder als e-mail an: ibidem@ibidem-verlag.de *ibidem*-Verlag

Melchiorstr. 15

D-70439 Stuttgart

info@ibidem-verlag.de

www.ibidem-verlag.de
www.ibidem.eu
www.edition-noema.de
www.autorenbetreuung.de

www.ingramcontent.com/pod-product-compliance
Lightning Source LLC
Chambersburg PA
CBHW051644230426
43669CB00013B/2437